海南热带海洋学院第二批省级应用型试点本科转型专业建设项目资助

U0731020

社会体育指导与管理专业
毕业论文写作教程

王博文　李润中　编著

中国海洋大学出版社
·青岛·

图书在版编目（CIP）数据

社会体育指导与管理专业毕业论文写作教程／王博
文，李润中编著. — 青岛：中国海洋大学出版社，
2020.12

ISBN 978-7-5670-2689-6

Ⅰ.①社…　Ⅱ.①王…　②李…　Ⅲ.①全民体育—毕
业论文—写作—高等学校—教材　Ⅳ.①G812.4

中国版本图书馆CIP数据核字（2020）第250188号

SHEHUI TIYU ZHIDAO YU GUANLI ZHUANYE BIYE LUNWEN XIEZUO JIAOCHENG

社会体育指导与管理专业毕业论文写作教程

出版发行	中国海洋大学出版社			
社　　址	青岛市香港东路23号		**邮政编码**	266071
出 版 人	杨立敏			
网　　址	http://pub.ouc.edu.cn			
电子信箱	flyleap@126.com			
订购电话	0532-82032573（传真）			
责任编辑	张跃飞		**电　　话**	0532-85901984
印　　制	青岛中苑金融安全印刷有限公司			
版　　次	2020年12月第1版			
印　　次	2020年12月第1次印刷			
成品尺寸	185 mm × 260 mm			
印　　张	11.75			
字　　数	274千			
印　　数	1~1 000			
定　　价	65.00元			

发现印装质量问题，请致电0532-85662208，由印刷厂负责调换。

前　言

　　毕业论文是社会体育指导与管理专业实践课程的重要组成部分，是学术科研训练和实践能力培养的主要手段。可以说，毕业论文既是大学生在教师指导下获得的科研成果，也是检验学生应用所学知识解决实际问题能力的有效方式。

　　根据教育部《普通高等学校本科专业类教学质量国家标准》中对体育学类的要求，毕业论文是体育类各专业人才培养体系中的重要环节和不可或缺的组成部分，同时也是衡量高校教学质量的重要依据和锻炼学生实践能力、培养学生意志品质的重要手段和方法，在整个人才培养过程中具有举足轻重的作用。目前国内还没关于社会体育指导与管理专业毕业论文的指导书籍，为此，我们编写了《社会体育指导与管理专业毕业论文写作教程》这本书，希望能为社会体育指导与管理专业毕业论文写作提供参考和借鉴，以期提高该专业大学生毕业论文的写作水平。

　　本书共分为七章。其中，第一章是对毕业论文的特点、分类、意义、要求及毕业论文学术规范、学术不端、学术作假的介绍；第二章是对毕业论文选题的概念、种类、意义、原则、途径、方法的阐述；第三章是从汉语语法基础知识、标点符号基本用法、体育统计基础知识三个方面对毕业论文写作基础进行总结；第四章是对文献资料信息收集的意义与途径及文献检索的方法与运用的介绍；第五章是对毕业论文量和质的研究方法的探讨；第六章是对毕业论文结构与写作过程的总结；第七章是对毕业论文答辩的意义、前期准备、答辩程序和毕业论文评价与成绩评定的说明。

本书通过通俗易懂的语言，系统地对社会体育指导与管理专业毕业论文写作进行了全面阐述和深入探讨，充分将科学性、应用性和适应性相结合，对社会体育指导与管理专业大学生更好地撰写毕业论文有较大的理论价值和实践意义。

本书由王博文、李润中共同编著，并由王博文统稿。具体分工如下：王博文负责第一章、第二章、第三章，李润中负责第四章、第五章、第六章、第七章。

本书在编写过程中参考和借鉴了国内外部分专家、学者的研究成果和观点，在此表示诚挚的感谢！

由于编写时间仓促、作者水平有限，书中难免有纰漏和不足，恳请广大读者批评并指正。

目　录

第一章　毕业论文概述

第一节　毕业论文的特点和分类

毕业论文是专业人才培养体系的重要环节，是实践能力和知识应用能力培养的主要手段。在一定程度上讲，毕业论文是大学生在毕业前获得的科研成果，也是衡量大学生学业水平和知识储备的有效方式。从内容上，毕业论文属于学术论文；从文体上，毕业论文属于议论文。

一、毕业论文的特点

社会体育指导与管理专业的毕业论文有学术论文的共性特征，但也有其自身特点，概括起来主要包括以下几点。

（一）科学性

科学性是毕业论文的基石。毕业论文的科学性是指毕业论文的内容、表述和结构均符合科学要求，要客观、准确、严谨地呈现研究过程与结果。

（二）创新性

所谓创新性是指毕业论文要力求在新观点、新方法、新见解、新角度上有所突破，以创造更多的理论与应用价值。

（三）学术性

学术性是指毕业论文要有一定的理论高度，要研究那些有学术价值的问题，要符合学术论文的基本要求。

（四）规范性

毕业论文要符合标准，在文字内容和技术表达上要遵守相关的道德规范、法律规范、格式规范和引注规范等。

（五）指导性

毕业论文是在指导教师的指导下，由学生独立撰写完成的。从论文的选题到论文的写作完成乃至答辩，都需要指导教师的辛苦付出。

（六）实践性

实践性是指毕业论文是专业人才培养的重要一环，是学生对所学专业知识的综合应用，是在实践中提出问题、分析问题、解决问题的过程。

（七）专业性

毕业论文的专业性是指毕业论文要符合社会体育指导与管理专业要求，要在专业范围内进行毕业论文的选题和撰写。

二、毕业论文的分类

毕业论文的分类方式多种多样，这里主要根据研究方式将毕业论文分为以下几类。

（一）理论型毕业论文

理论型毕业论文是对某个理论、学术观点有新的认识或发展；或是经过文献研究获得了新的见解，发现新的错误；又或是提出新的理论、假说。

（二）实验型毕业论文

实验型毕业论文针对某一研究主题，通过设计实验、进行实验、分析实验数据来获得实验结果。

（三）调查型毕业论文

调查型毕业论文主要运用社会调查方法获得调查数据，然后进行统计分析获得调查结果。

（四）综述型毕业论文

综述型毕业论文是对某一理论的历史、发展现状进行综合阐述、分析、归纳、总结、评价，以介绍、评论该理论，并发表自己的见解。

第二节　毕业论文的意义与要求

　　毕业论文是反映大学生综合运用所学基本理论、基本知识和基本技能解决实际问题能力的重要指标。毕业论文的写作有较为严格的要求，只有满足这些要求，才能写出有较高质量的毕业论文。

一、毕业论文的意义

　　毕业论文是社会体育指导与管理专业人才培养的重要环节，在一定程度上体现着教学的水平和质量，同时也是锻炼学生、培养学生的重要手段。总的来说，毕业论文具有以下意义。

（一）毕业论文是专业人才培养体系的重要环节

　　根据教育部《普通高等学校本科专业类教学质量国家标准》中对体育学类的要求，毕业论文是体育类各专业人才培养体系中的重要环节，是学生培养的重要组成部分之一。

（二）毕业论文是衡量专业教学质量的重要依据

　　毕业论文是学生系统地运用所学专业知识解决现实问题的过程。专业教学质量的高低直接决定着毕业论文的优劣。教学质量越高，学生知识掌握和实践能力越强，就越能写出高水平的毕业论文。

（三）毕业论文是锻炼学生实践能力的重要手段

　　通过毕业论文的写作，学生能够将所学知识应用到实践中去。在论文写作过程中的调查、实验、数据处理等都是对学生所掌握知识的应用，都能有效地提高学生的实践能力。

（四）毕业论文是培养学生意志品质的重要方法

　　对学生而言，毕业论文的写作是一个复杂、艰难的任务，不可避免地会遇到一些困难疑惑。学生在克服这些困难的过程中，能够培养自己的意志品质。

二、毕业论文的要求

对于毕业论文的要求，不同专业可能有所不同，但一般性要求是相同的。最基本的要求主要包括以下几点。

（1）选题合理可行。

（2）具有理论价值或应用价值。

（3）观点明确，见解独到。

（4）结构合理，层次分明。

（5）逻辑严谨，条理清晰。

（6）数据可靠，材料真实。

（7）论证充分，结论可信。

（8）文字清楚，语句通顺。

（9）研究方法、手段科学合理。

（10）内容完整，格式符合规范。

（11）无学术不端和作假行为。

第三节 毕业论文学术规范

规范是标准、准则和典范的意思。学术规范，是指在学术行为中应共同遵守的、有利于学术研究发展的各种准则和要求。学术规范的内容有很多方面，但最为重要的是学术道德规范、学术法律规范和学术论文引注规范。大学生更要在毕业论文的写作过程中严格遵守学术规范。

一、学术道德规范

学术道德规范是指在学术研究过程中应该遵守的公认道德伦理。毕业论文写作要严格遵守学术道德规范，具体要求主要包括以下几点。

（一）求真务实

在毕业论文写作过程中，要恪守求真务实的科学精神。科学的本质就是不断地追求真理和捍卫真理，因此，在毕业论文写作时，每一个论断都应有足够合理的论据，都应经过严密的逻辑思考，都应通过客观的验证和实践的检验，以确保论文结论能够客观地反映事物的本质。

（二）实事求是

诚实守信是毕业论文写作的前提条件。在毕业论文写作过程中，不允许出现任何不诚实的行为。在各个环节都应坚持实事求是，一旦发现论证出现错误或疏漏，应及时进行改正或补充，力求论文的内容、结论等真实、准确、客观，避免出现主观臆断的非学术因素。

（三）继承创新

在毕业论文写作中，要处理好继承与创新的关系。在面对前人研究成果时，要给予信任、加以继承，在前人的终点上找寻自己的起点。但也要对这些成果保持一定的警惕，避免因轻信引起的学术错误。只有这样才能在继承的基础上，通过长期积累、深入思考，最终完成有一定创新性的毕业论文。

二、学术法律规范

学术法律规范是指毕业论文写作必须遵守国家相关法律法规的要求，知法、守法，不能越雷池一步。

（一）遵守《中华人民共和国宪法》

《中华人民共和国宪法》序言中明确规定："国家的根本任务是，沿着中国特色社会主义道路，集中力量进行社会主义现代化建设。中国各族人民将继续在中国共产党领导下，在马克思列宁主义、毛泽东思想、邓小平理论、'三个代表'重要思想、科学发展观、习近平新时代中国特色社会主义思想指引下，坚持人民民主专政……把我国建设成为富强民主文明和谐美丽的社会主义现代化强国，实现中华民族伟大复兴。"毕业论文写作必须遵守宪法的要求，不能出现违反宪法和损害国家、社会、学校名誉及其他公民合法权益的论述。

（二）遵守《中华人民共和国著作权法》

按照《中华人民共和国著作权法》的相关规定，毕业论文写作主要应注意不得有以下几点行为。

（1）未经著作权人许可，发表其作品。

（2）没有参加创作，为谋取个人名利，在他人作品上署名。

（3）歪曲、篡改他人作品。

（4）剽窃他人作品。

（三）遵守《中华人民共和国保密法》

毕业论文写作还应遵守《中华人民共和国保密法》的相关规定，对涉及国家秘密的论文，均应该在送审批准后方能公开使用。

（四）遵守《中华人民共和国统计法》

《中华人民共和国统计法》规定，在毕业论文写作过程中对属于国家秘密的统计资料必须保密。

（五）遵守《中华人民共和国刑法》

《中华人民共和国刑法》规定，在毕业论文写作时，为避免侵犯公司的商业秘密，事先应咨询相关公司或法律事务所，避免触犯法律规定。

三、学术引注规范

学术论文引注规范是指学术论著注释和索引的规范。毕业论文引用文献的学术规范主要包括以下几点。

（一）引用应该适当

在毕业论文写作中，不能过度引用文献，以免把论文变成资料汇编，失去论文的研究价值。

（二）引用必须尊重作者原意

在引用文献时，不能曲解或故意改变作者的原意而出现不实引用的问题。不实引用也是学术弄虚作假行为。

（三）所有引用必须注明出处

凡是在毕业论文中引用他人的观点、数据、材料等内容，就必须注明出处。

（四）标注应完整准确显示相关信息

标注的完整性是论文引注的客观要求。在毕业论文写作中，引用文献必须完整、准确地注明相关信息，包括作者、题名、出版地、出版时间、卷（期）、页码等。

（五）原则上引用应使用原始文献

毕业论文引用文献要使用原始文献，不能使用文献的汇编本、改编本、辑录、摘要等。

（六）原则上引用应使用最新版本

有些文献的更新速度较快，如果在毕业论文的写作过程中引用的是新观点、新材料等，就一定要标注文献的最新版本。

第四节 毕业论文学术不端与作假

学术不端即不正当的学术行为，主要指违反学术准则、损害学术公正的行为；学术作假是指论文作者主观故意违背学术规范，抄袭、买卖、伪造学术成果的行为。在毕业论文写作过程中，既不能学术不端，更不能学术作假。

一、学术不端行为

《高等学校预防与处理学术不端行为办法》规定，学术不端行为主要包括以下几类。

（1）剽窃、抄袭、侵占他人学术成果。

（2）篡改他人研究成果。

（3）伪造科研数据、资料、文献、注释，或者捏造事实、编造虚假研究成果。

（4）未参加研究或创作而在研究成果、学术论文上署名，未经他人许可而不当使用他人署名，虚构合作者共同署名，或者多人共同完成研究而在成果中未注明他人工作、贡献。

（5）在申报课题、成果、奖励和职务评审评定、申请学位等过程中提供虚假学术信息。

（6）买卖论文、由他人代写或者为他人代写论文。

（7）其他根据高等学校或者有关学术组织、相关科研管理机构制定的规则，属于学术不端的行为。

二、学术作假行为

教育部《学位论文作假行为处理办法》中规定，以下行为属于学术作假行为。

（1）购买、出售学位论文或组织学位论文买卖的。

（2）由他人代写、为他人代写学位论文或组织学位论文代写的。

（3）剽窃他人作品和学术成果的。

（4）伪造数据的。

（5）有其他严重学位论文作假行为的。

以上所列的学术不端行为和学术作假行为均是在毕业论文写作中不得出现的行为。遵守学术规范不仅关系着诚信，而且也是我国高等教育营造健康学术氛围、创造学术价值的重要保证。

第二章　毕业论文选题

第一节　选题的概念、种类和意义

社会体育指导与管理专业毕业论文写作，首先要明确"写什么"的问题。"写什么"就是要确定论文的选题。选题是毕业论文写作的起始，是毕业论文的最基础工作，对毕业论文的写作影响非常大。只有选好题才能让写作过程顺利进行，才能确保论文的质量和写作的成功。

一、选题的概念

在论述选题问题前，首先要对题名、课题和论题三个概念进行梳理，因为它们与选题的关系既有联系又有区别，容易被混淆。

题名就是指作者为论文拟定的题目，也可称之为标题；课题是指在科学研究中，某一学科专业领域内尚未被认识或解决的问题；论题也被称作命题、主题，是论文要表达的中心思想或基本观点。

对毕业论文选题来说，选题可以与论题处在同一层次。也就是说，选题本身也是一个论题，其来源于课题系统的不同层次、方面，最终以题名的形式来显示其要论证的核心内容。

综上，所谓选题，就是指选择毕业论文的论题，即选择和确定毕业论文所要研究和论证的对象及内容。

二、选题的种类

根据选题的来源、研究方法、论述形式等分类标准，可以将毕业论文的选题分为不同的种类。

（一）根据选题的来源划分

1. 自拟选题

自拟选题是指自己根据专业学习或参加社会实践的感触，来选择问题作为毕业论文的论题。

2. 指导性选题

指导性选题是指学校、学院或教师根据学生专业的特点和应用领域，结合实际确定选题范围来作为学生毕业论文选题的来源。

（二）根据研究方法划分

1. 实践性选题

实践性选题是指以现实存在的问题作为研究对象，通过调查、实践来获得应用型研究成果的选题。

2. 学术性选题

学术性选题是指依据逻辑推理和假设研究进行分析、论证，以获得理论型研究成果的选题。

（三）根据论述形式划分

1. 专题类选题

专题类选题是指在某一学科领域中，正面提出问题，直接论述以完成研究的选题。

2. 论辩类选题

论辩类选题是指针对某一学科领域的某一问题，以论辩形式发表不同见解的选题。

3. 综述类选题

综述类选题是指在某一学科的某一学术问题现有研究成果的基础上，进行归纳、总结以发表见解的选题。

三、选题的意义

选题是毕业论文写作的开始，决定着毕业论文的走向和结果，是毕业论文工作最为重要的环节。选题的意义主要包括以下两个方面。

（一）选题决定毕业论文的成败

合理的选题能够有效调动学生论文写作的热情和积极性，从而确保毕业论文写作的顺利进行。若选题的难度过大、范围太广，或者是与学生的研究兴趣不符，就会使学生难以完成论文或使写作陷入困境之中；但如果选题的难度和范围太小，即使符合学生的研究兴趣，也达不到锻炼学生的目的，又很可能存在研究价值不大的缺陷，即使毕业论文能够顺利完成，也失去了原有的意义。

（二）选题影响毕业论文的价值

在选题过程中，是否能够发现一个对理论或实践有一定影响的课题，决定着毕业论文存在价值与否。如果选题大小适中、难易适度，又能够对理论或实践有一定的借鉴或指导作用，那么论文的价值就会增加；反之，如果选题范围、难度过大或过小，或是简单地重复已有研究，则论文的价值就会大大降低。因此，选题是毕业论文价值大小的关键影响因素。

第二节　选题的原则、途径与方法

要想正确合理地进行选题，使毕业论文写作达到事半功倍的效果，就一定要明确选题的原则、途径与方法。选题的原则是在毕业论文选题过程中需要遵循的基本准则；选题的途径主要是指选择论题的路径；选题的方法是指选择研究对象的思路和办法。

一、选题的原则

社会体育与管理专业毕业论文的选题一定要在符合教育部《普通高等学校本科专业类教学质量国家标准》对体育学类学生的培养目标和规格要求的基础上，在培养学生各项能力的前提下，坚持以下基本原则。

（一）专业性原则

专业性原则是指毕业论文选题必须在专业范围内进行，研究的对象、内容、理论、方法都应与所在学科密切相关，不能超出专业范围选题。

（二）科学性原则

科学性原则是指选题时要有理论或事实依据，要符合客观世界和事物发展的科学规律，要坚持唯物主义的基本立场。

（三）应用性原则

应用性原则是指毕业论文选题要理论联系实际，能够在一定程度上回答或解决体育领域中存在的问题。

（四）可行性原则

可行性原则是指要在对主客观条件全面衡量的基础上，结合研究兴趣，难易适中、扬长避短地进行选题。

（五）创新性原则

创新性原则是在选题时，应在力所能及的前提下，力求在新观点、新方法、新见解、新角度等方面有所侧重。

二、选题的途径

要做好毕业论文的选题，还需要掌握有效的选题路径。一般情况下，可以通过以下几个途径进行选题。

（一）从体育实践中选题

社会实践是科研永恒的源泉。社会体育与管理专业学生可在体育实践中，将自身的认识和经验与相关主题联系起来，又或是发现体育领域存在的问题，进而通过分析、总结、推理来确定有价值的研究主题。

（二）从文献资料中选题

通过文献资料检索，可以获得大量的专家、学者的研究成果。经过对这些成果的深入分析和积极思考，从中获得启迪，发现尚未解决的问题或前人成果中存在的问题，最终在这些问题中选择和确定毕业论文的论题。

（三）从专业课程中选题

专业课程体系中的专业课程为学生提供了良好的选题来源。在专业课程学习中，学生会对本专业的历史演变、研究现状、学科问题等有较为全面的了解。通过对这些知识的掌握，学生可以确定合适的论题。

（四）从研究热点中选题

热点问题的研究往往具有较大的社会价值和经济价值。社会体育指导与管理专业学生可以量力而行地在体育研究热点问题上进行选题，但应注意选题要恪守可行性和科学性原则。

三、选题的方法

知道从哪些方面去寻找论题，但没有掌握实用的选题方法，是难以快速、高效地完成毕业论文选题的。毕业论文的选题方法较多，这里主要介绍以下几种基本的选题方法。

（一）阅读捕捉法

学生在选题之前，要进行大量的文献查阅。通过对文献的广泛浏览、专项阅览、精细阅读，可以了解当下的研究现状，并形成对某一研究对象或主题的思考，最终快速捕捉这些思考的精华而形成论文的论题。

（二）质疑提出法

在学习、训练、实践和生活中，学生能够接触到种种体育行为、体育现象，也会对某些体育行为、体育现象产生一定的疑问。通过对这些疑问进行具体分析和深入思考，最终能够提出论文研究的论题。

（三）逆向检验法

学生还可以根据平时的积累，初步确定研究的方向、范围，然后沿着这一方向对已有的研究成果进行追溯和检验，确定此题目是否被研究过、研究了哪些方面、是否有理论依据等，结合实际修改后，确定毕业论文论题。

（四）交叉结合法

交叉是毕业论文选题的重要思路之一。学生可通过查阅文献和积极思考，找到专业与专业之间的交叉点，最终将专业知识理论、方法手段相结合，来寻找适合的毕业论文论题。

第三章　毕业论文写作基础

第一节　汉语语法基础知识

语言是思维的外壳，而语法是对语言行文规则和结构方式的说明和规定。语法主要包括词的构成和变化、词组和句子的组织等内容。汉语的使用是毕业论文写作的重要基础，掌握好汉语语法基础知识往往能起到事半功倍的效果。

一、词类

词类是指词在语法上的分类。把汉语里面的所有词，按照其词汇意义和语法特点进行归类，得出的结果即为词类。现代汉语把词分为实词、虚词两大类，共12种。

（一）实词

1. 名词

名词是指那些表示人、具体事物、抽象概念、处所、方位、时间的词。

（1）人：专家、学者、教师、教练、学生等。

（2）具体事物：海洋、山脉、椰子等。

（3）抽象概念：研究方法、社会调查、研究对象、方差分析等。

（4）处所：海南、三亚、南海、博鳌、三沙等。

（5）方位：东、西、南、北、上、下、左、右、前、后等。

（6）时间：上午、晚上、夏天、今天、星期四等。

2. 动词

动词是表示动作行为、发展变化、心理活动、可能意愿、趋向、判断、使令等意义的词。

（1）动作行为：跑、走、跳、投、踢等。

（2）存在变化：增加、减少、增长、降低、提升等。

（3）心理活动：反对、喜欢、厌恶、热爱等。

（4）可能意愿：愿意、拒绝、可以等。

（5）趋向：来、去、上、下、起来、进去等。

（6）判断：不是、是、正是等。

（7）使令：让、使、允许、鼓励等。

3. 形容词

形容词是表示事物的形状、性质或状态的词。

（1）形状：肥胖、瘦小、长、短、大、小、宽、窄等。

（2）性质：好、坏、优、劣、良好、优秀等。

（3）状态：焦虑、愉快、紧张、恐惧等。

4. 数词

数词是表示数目的词，又可分为基数、序数、分数、倍数和概数。

（1）基数：一、三、百、千、万、亿等。

（2）序数：第二、大三、四年级、初五、七楼等。

（3）分数：五分之二、四成等。

（4）倍数：八倍、翻三番等。

（5）概数：十余人、十个左右、成百上千等。

5. 量词

量词是表示事物单位或行为、动作单位的词，又分为物量词、动量词和数量词。

（1）物量词：表示人或事物单位的词。

①个体：位、个、张、只等。

②集体：类、群、批、组、套、双、对等。

③不定量：些、堆、点等。

④度量衡：米、千米、千克、毫升、克等。

（2）动量词：表示行为、动作单位的词。例如，遍、次、回、下、趟、阵、场、顿。

（3）数量词：数词跟量词连接使用的词，例如，一下、一笔、一遍、一回、一场。

6. 代词

代词是那些具有代替、指示作用的词，又可分为人称代词、指示代词和疑问代词。

（1）人称代词：用来代替人或事物的名称的代词。例如，你、我、他、他们、我们、你们。

（2）指示代词：用来代指人或事物的代词。例如，这、这个、那个、这些、那些。

（3）疑问代词：用来提出问题的代词。例如，谁、什么、谁的、哪个、哪里。

（二）虚词

1. 副词

副词用在动词、形容词之前，是表示行为动作或性质状态的范围、程度、时间、语气的词。例如，快速、严格、认真、很、十分、极其、非常、太、最、挺、更、越发、更加、分外、格外、有点儿、稍微。

2. 介词

介词用在代词、名词等前面，与这些词合起来表示方向、起止、时间、处所、对象、目的、方式、原因、比较。例如，对于、关于、鉴于、由于、依照、作为、按照、等到、经由、自从、依据、通过、除去、除了。

3. 连词

连词是用来连接词、短语、分句、句子等语言单位的词。例如，首先、因为、因此、就是、于是、要是、只是、可是、但是、要么、那么、而且、并且、接着、然而、由于、不但、否则、即使。为了、和、与、跟、同这5个词，既是介词，又是连词，兼有两种词性。

4. 助词

助词是附加在词、短语或句子后面，表示一定的结构关系、附加意义或语气的词。助词又可分为结构助词、动态助词和语气助词。

（1）结构助词：例如，的、得、地。其中，"的""地"表示偏正关系，"得"是补充关系。

（2）动态助词：例如，过、着、了。其中，"过"表示动作行为曾经发生，"着"表示动作行为正在进行，"了"表示动作行为已经完成。

（3）语气助词：主要用在句子末尾表示陈述、疑问、祈使、感叹等语气，例如，的、吗、呢、啊、呀。

5.叹词

叹词是表示感叹或呼唤应答声音的词。例如，啊、哎呀、哎哟、哦、嗯、哼、咳、喂，哎。

6.拟声词

拟声词是指模拟声音的词。例如，嘎嘎、吱吱、哗啦啦、轰隆隆。

二、短语结构

词和词按一定方式组合就成为短语。短语一般可分为主谓短语、动宾短语、动补短语、介宾短语、并列短语、偏正短语、的字短语、复指短语等类型。

（一）主谓短语

主谓短语是由主语和谓语构成的，其中主语表示陈述的对象，谓语表示陈述的内容。例如，态度端正、工作认真。

（二）动宾短语

动宾短语是由动词和其后面受支配的宾语组成的，表示动作行为的处所、对象及结果等。例如，打羽毛球、写论文、做作业。

（三）动补短语

动补短语是由动词和在其后面起补充说明作用的补语组成的。例如，打得积极、打好。

（四）介宾短语

介宾短语是由介词和它的宾语组成的，充当介词宾语的，包括名词、代词和以名词为中心语的短语。例如，关于排球比赛的规则、比老师投得准、对体育的爱好。

（五）并列短语

并列短语是由两个或两个以上不分主次、并列关系的名词、动词或形容词组合而成的。例如，书籍期刊、严肃认真、不离不弃。

（六）偏正短语

偏正短语是由修饰语和中心语组成的。其中，修饰名词的词是定语，修饰动词、形容词的词是状语。定语、状语与中心语间的关系是偏正关系。例如，球场里面、极其优秀。

17

（七）的字短语

的字短语是由名词、动词、代词、形容词后面加"的"，或由动宾短语、偏正短语、动补短语后面加"的"组成的。的字短语的作用相当于名词。例如，写得好的、男的。

（八）复指短语

复指短语是由两个词或两个短语组成的，这两个词或短语指同一事物或人，共同作为一个句子成分。例如，李然老师、国庆节这一天。

三、句子成分

在句子中，由词或词组充当句子成分。句子成分通常包括主语、谓语、宾语、定语、状语和补语。其中，主语、谓语，或主语、谓语、宾语是句子的主要成分；定语、状语、补语是句子的附加成分。

（一）主语

主语是句子陈述的对象，是执行句子的行为或动作的主体，多由名词、代词、数量词及名词性短语充当。

示例1：比赛结束了。

示例2：他们终于获得了冠军。

示例3：一公斤是一千克。

（二）谓语

谓语一般在主语后，对主语"谁"或"什么"进行陈述、说明，多由动词、动词性短语，形容词、形容词性短语充当，也可由名词、代词、数量词及其他短语充当。

示例1：李然是校羽毛球协会主席。

示例2：我有一个梦想。

（三）宾语

宾语用在动词后，表示动作、行为涉及的人或事，多由名词、代词充当。

示例1：运动员喜欢李教练。

示例2：学生们在欣赏网球比赛。

示例3：你在研究什么？

（四）定语

定语用在名词前面，来修饰、限制名词，多由名词、代词、数量词、形容词以及短语充当，有些定语和中心词之间要有"的"。

示例1：（对方）的球员开始进攻了。

示例2：（三亚）的旅游业发展得非常快。

（五）状语

状语用在动词、形容词前起修饰、限制作用，多由副词、形容词、介宾短语充当。有些状语和中心词间要用"地"。

示例1：运动员［尽情］奔跑。

示例2：足球赛场［顿时］沸腾了。

示例3：李然老师［认真］地批改着作业。

（六）补语

补语用在动词或形容词后面，起补充说明作用，多由形容词、副词、动词、代词和短语充当。有些补语与中心词间要用"得"。

示例1：你记录〈详细〉吗？

示例2：这个数据统计〈错〉了。

示例3：李然老师羽毛球打得〈很好〉。

四、句子类型

句子类型是指根据句子的结构特点或语气特征将句子分成的不同类别。从结构特点上，句子可分为单句和复句；从语气特征上，句子可分为陈述句、疑问句、祈使句和感叹句。

（一）单句

单句是由单个词或短语构成的，不能再分出分句的句子，包括主谓句、非主谓句和特殊句式。

1. 主谓句

（1）动词谓语句：篮球比赛激烈程度升级。

（2）形容词谓语句：李然老师非常强壮。

（3）名词谓语句：十月一日国庆节。

2. 非主谓句

（1）动词非主谓句：防守！

（2）名词非主谓句：高铁！

（3）形容词非主谓句：棒！

（4）叹词、拟声词非主谓句：哦！

3. 特殊句式

（1）把字句是主动句的一种。句中谓语一般都是及物动词，通常后面有补语、宾语或动词的重叠式。

示例1：我们把足球踢进去了。

示例2：李然老师把出界球救了回来。

（2）被字句是被动句。被动句中的主语是受事者，由介词"被"引出主动者，与"被"字构成的介宾短语在句中作状语。

示例1：篮球被我们投进去了。

示例2：在比赛中，李然老师被学生感动了。

（3）兼语句是用兼语短语充当谓语的句子。

示例1：教练让运动员回到场边来。

示例2：大家一致选李然老师做校羽协主席。

示例3：老师让他去请院长。

（4）是字句专指由动词"是"构成的判断句。"是"在句子中的作用是判断主语和宾语间的关系。主语与宾语有两种关系：同一关系和从属关系。

示例1：长方形是有一个角是直角的平行四边形。

示例2：毕业论文写作能力是大学生素质培养的重要内容。

（5）存现句是表示人、事物存在或出现、消失的句子。存现句的主语通常是处所词或时间词，谓语多是表示存在、产生、消失的动词，宾语一般是动作的发出者。

示例1：看台上坐着观众。

示例2：山上升起了薄薄的雾。

示例3：海南有个五指山。

（二）复句

复句是指由两个或两个以上意思相关的简单句构成的句子。构成复句的简单句子称作分句。复句的类型包括并列关系复句、承接关系复句、选择关系复句、递进关系复句、转折关系复句、假设关系复句、条件关系复句、因果关系复句。

1. 并列关系复句

若干分句分别叙述有关联的同一事物或若干事物的几个方面，分句间的关系是同等的，这样的复句称作并列关系复句。

常见句型如下。

（1）有的……，有的……。

（2）又……，又……。

（3）有时……，有时……。

（4）不是……，而是……。

（5）既……，又……。

（6）一会儿……，一会儿……。

（7）一边……，一边……。

（8）一方面……，另一方面……。

2. 承接关系复句

几个分句是先后发生的事或连续动作的复句称作承接关系复句。承接关系复句的分句次序一般有先后顺序。

常见句型如下。

（1）首先……，然后……。

（2）……，就……。

（3）……，才……。

（4）后来……。

（5）然后……。

（6）接着……。

3. 选择关系复句

若干分句分别表达两件或两件以上的事情、两种或几种情况，让从其中做出选择的复句称作选择关系复句。

常见句型如下。

（1）或者……，或者……。

（2）与其……，不如……。

（3）是……，还是……。

（4）不是……，就是……。

（5）要么……，要么……。

4. 递进关系复句

后面分句比前句的意思更进一层（由浅入深、由小到大、由轻到重）的复句称作递进关系的复句。

常见句型如下。

（1）不但（不仅、不光）……。

（2）而且（并且、还、甚至）……。

（3）尚且（况且）……。

5. 转折关系复句

后一分句表达的意思与前一分句意思相对或相反的复句称作转折关系复句。

常见句型如下。

（1）尽管（虽然）……，但是（可是）……。

（2）固然（虽说）……，然而……。

6. 假设关系复句

前面分句表述假设，后面分句表述假设实现后产生的结果，这样的复句称作假设关系复句。

常见句型如下。

（1）即使……，也……。

（2）如果……，就……。

（3）要是……，就……。

（4）倘若……，那么……。

7. 条件关系复句

前面的分句提出条件，后面的分句说明满足前一句条件的情况下所产生的结果，这样的复句称为条件关系复句。

常见句型如下。

（1）只需……，就……。

（2）只有……，才……。

（3）一旦……，便……。

（4）只要……，就……。

（5）除非……，才……。

（6）无论（不管）……，都（总是）……。

8. 因果关系复句

在一个复合句子中，一个分句说明原因，而另一个分句说明结果，这样的复句称作因果关系复句。

常见句型如下。

（1）……，因此……。

（2）因为……，所以……。

（3）既然……，那么……。

（4）既然……，就……。

（5）之所以……，是因为……。

第二节　标点符号

标点符号是书面语的组成部分，是辅助文字记录语言的符号，用来表示停顿、语气及语句的性质和作用。了解和掌握标点符号的名称、形式和基本用法对于规范毕业论文写作有重要的实用价值。

一、标点符号的分类

（一）点号

点号起点断作用，主要表示停顿和语气。点号分为句末点号和句内点号。句末点号用于句末表示停顿和语气，包括句号、问号和叹号；句内点号用于句内表示各种不同性质的停顿，包括顿号、逗号、分号和冒号。

（二）标号

标号用来标示书面语言里词语的性质或作用。常用的标号包括引号、括号、破折号、省略号、连接号、着重号、间隔号、书名号、专名号和分隔号。

二、标点符号的形式和基本用法

（一）点号的形式和基本用法

1. 句号的形式和基本用法

1）句号的形式

句号的形式为"。"。在科技文献中句号的形式为"."。

2）句号的基本用法

（1）在陈述句末尾表示停顿，用句号。

示例1：社会体育指导与管理专业属于教育学门类。

示例2：经常参与身体锻炼使人健康，活动不足可能导致肥胖。

示例3：海南四季如春，拥有良好的自然环境和气候条件，是人们冬季进行休闲旅游的最佳选择。

（2）在语气舒缓的祈使句末尾，也用句号。

示例1：请您一会再来报名。

示例2：请您稍等一下。

2. 问号的形式和基本用法

1）问号的形式

问号的形式为"？"。

2）问号的基本用法

（1）在疑问句末尾表示停顿，用问号。

示例1：你打过篮球吗？

示例2：这项运动的名称是什么？

示例3：参加好呢，还是不参加好？

（2）在反问句的末尾，也用问号。

示例1：难道你没打过乒乓球吗？

示例2：你怎么能这样扣球呢？

3. 叹号的形式和基本用法

1）叹号的形式

叹号的形式为"！"。

2）叹号的基本用法

（1）在感叹句末尾表示停顿，用叹号。

示例1：为海南自贸港建设奋斗！

示例2：我多么想再见科比呀！

（2）在语气强烈的祈使句末尾，也用叹号。

示例1：你给我投篮！

示例2：停止比赛！

（3）在语气强烈的反问句末尾，同样用叹号。

示例1：我射门哪有他准呀！

示例2：我比赛哪有他水平高呀！

（4）用于拟声词后，表示音声短促或突然。

示例：咔嚓！一道闪电划破了夜空。

4. 逗号的形式和基本用法

1）逗号的形式

逗号的形式为"，"。

2）逗号的基本用法

（1）当句子中的主语与谓语间需要停顿时，用逗号。

示例：我们看到的技术，大多数是基本技术。

（2）当句子中的谓语与宾语间需要停顿时，用逗号。

示例：应该想到，成功需要每个人奉献全部的努力。

（3）当句子中的状语后面需要停顿时，用逗号。

示例：对于这个战术，我并不熟悉。

（4）当复句内各分句间需要停顿时，除了有时要用分号外，都要用逗号。

示例：据说体育运动项目有几百项，我参与过的不超过十项。

5. 顿号的形式和基本用法

1）顿号的形式

顿号的形式为"、"。

2）顿号的基本用法

在句子内部并列词语间的停顿，用顿号。

示例1：篮球、足球和排球是传统意义上的"大球"。

示例2：网球是一项集娱乐性、竞技性为一体的体育活动。

6. 分号的形式和基本用法

1）分号的形式

分号的形式为"；"。

2）分号的基本用法

（1）当复句中并列分句间需要停顿时，用分号。

示例1：美酒，人们用来款待朋友；猎枪，人们用来对付敌人。

示例2：在足球比赛中，前锋像一把利刃，直插对手胸口；后卫像一面盾牌，抵挡对方进攻。

（2）非并列关系（如因果关系、转折关系等）的多重复句，第一层的前后两部分之间，也用分号。

示例：一般而言，任何年龄、民族、性别、职业的人参与体育活动，都会获得良好的情绪体验并获得体质提升；但运动过量和不足的人除外。

（3）分行列举的各项间，也可用分号。

示例：毕业论文（设计）按以下排列顺序印刷与装订成一本：① 封面；② 目录；③ 毕业设计说明书（毕业论文）；④ 毕业论文（设计）过程管理资料。

7. 冒号的形式和基本用法

1）冒号的形式

冒号的形式为"："。

2）冒号的基本用法

（1）在称呼语后，表示提起下文，用冒号。

示例：老师们、同学们：现在开始毕业论文答辩。

（2）在"说""宣布""证明""指出""例如"等词语后，表示提起下文，用冒号。

示例：他郑重地宣布："本次毕业论文答辩结束！"

（3）在总说性话语后，表示引起下文的分说，用冒号。

示例：研究方法有两种：质的研究方法和量的研究方法。

（4）在需解释的词语后，表示引出解释或说明，用冒号。

示例：

三亚市旅游部门乒乓球赛

日期：12月14日至12月17日

时间：晚上19时至22时

地点：海南热带海洋学院体育馆

主办单位：三亚市体育局

（5）在总括性话语前，为总结上文，也可以用冒号。

示例：龙舟队参加民运会，获得了冠军；舞狮队参加大运会，获得了第二名；帆船队参加阿罗哈大帆船赛，获得了季军：我校这三支运动队今年均取得了好成绩。

（二）标号的形式和基本用法

1. 引号的形式和基本用法

1）引号的形式

引号的形式为双引号""""和单引号"''"。

2）引号的基本用法

（1）在行文中直接引用的话，用引号标明。

示例1：爱迪生说："天才是百分之九十九的汗水加百分之一的灵感，但那百分之一的灵感是最重要的，甚至比那百分之九十九的汗水都要重要。"

示例2："饭后百步走，能活九十九"这句谚语流传至今。

（2）当需要着重论述某一对象时，用引号标明。

示例：毕业论文撰写要求"有理有据"。"有理"是指要符合事物发展的客观规律，"有据"是指要有得出结论的事实依据。

（3）句子中有特殊含意的词语，也要用引号标明。

示例1：乒乓球比赛中的"狠"，是指在比赛中运动员的进攻和防守要有力、角度要大、旋转要快。

示例2：这样的"助攻"还是少些好。

（4）当引号里还要用引号时，外面用双引号，里面用单引号。

示例：他回过头来问："教练，'三号战术'是什么意思？"

2. 括号的形式和基本用法

1）括号的形式

括号常用的形式为圆括号"（）"、方括号"〔〕"、六角括号"〔〕"和方头括号"【 】"。

2）括号的基本用法

当文中有注释性的文字时，要用括号标明。注释句子中的词语时，括号应紧贴在被注释词语后；注释整个句子时，括号应放在句末标点之后。

示例1：技术（这里指运动技术）在体育比赛中非常重要，是决定比赛成败的一个重要因素。

示例2：职业体育比赛和业余体育比赛不同，不能"随意"为之。（其实业余比赛也要经过训练后才能"随意"。）

3. 破折号的形式和基本用法

1）破折号的形式

破折号的形式为"——"。

2）破折号的基本用法

（1）当文中有解释说明的语句时，需用破折号标明。

示例1：毕业论文撰写能够培养学生的关键能力——理论与实践相结合。

示例2：为了全队——也包括我自己在内——获得比赛的胜利，我们必须认真训练，努力达成训练目标。

（2）当文中的主题出现突然转折时，需用破折号标明。

示例："论文写得很好啊！——你什么时候返校？"李然老师对学生说。

（3）当声音延长时，象声词后用要用破折号。

示例："呜——"火车来了。

（4）当事项列举分承时，各项之前要用破折号。

示例：根据研究对象的不同，体育学分为以下四个分支学科：

——体育人文社会学；

——运动人体科学；

——体育教育训练学；

——民族传统体育学。

4. 省略号的形式和基本用法

1）省略号的形式

省略号的形式为"……"。

2）省略号的基本用法

（1）当引文省略时，需用省略号标明。

示例：习总书记强调："中国梦是历史的、现实的，也是未来的；是国家的、民族的，也是每一个中国人的；是我们的，更是青年一代的……"

（2）当文中列举省略时，要用省略号标明。

示例：篮球的技术有很多，投篮、运球、抢断、挡拆、掩护……都是篮球比赛中的常用技术。

（3）当文中表示语言断断续续时，可用省略号标示。

他气喘吁吁地说："我……没有……完成……训练任务。"

5. 着重号的形式和基本用法

1）着重号的形式

着重号的形式为"．"。

2）着重号的基本用法

文中需要读者特别注意的字、词、句，可用着重号标明。

示例：成绩是拼出来的，不是想出来的。

6. 连接号的形式和基本用法

1）连接号的形式

连接号有短横线"-"、一字线"—"和浪纹线"～"三种形式。

2）连接号的基本用法

（1）两个相关名词构成一个意义单位时，中间要用连接号。

示例：任-洛二氏溶液可用于医疗和哺乳动物的生理学实验。

（2）相关的时间、地点或数目间表示起止时，用连接号。

示例1：皮埃尔·德·顾拜旦（1863—1937），国际体育活动家、教育学家、历史学家，现代奥林匹克运动的发起者和奠基人。

示例2："北京—三亚"直达火车

示例3：在撰写毕业论文的过程中，往往要查询文献30～50篇。

（3）相关的字母、阿拉伯数字间，用连接号表示产品型号。

示例：HAW-4和TPC-3海底光缆在太平洋地区已经投入使用。

（4）在表示递进式发展的相关项目中间，可用连接号。

示例：人类社会的发展可分为原始社会—奴隶社会—封建社会—资本主义社会—共产主义社会五种社会形态。

7. 间隔号的形式和基本用法

1）间隔号的形式

间隔号的形式为"·"。

2）间隔号的基本用法

（1）少数民族人名和外国人名内各部分的分界，用间隔号标示。

示例1：爱新觉罗·弘历

示例2：皮埃尔·德·顾拜旦

（2）书名与篇（章、卷）名间的分界，用间隔号标示。

示例1：《中国大百科全书·体验卷》

示例2：《三国志·蜀书·刘备传》

（3）词牌、曲牌、诗体名等和题名之间的分界，用间隔号标示。

示例1：《水调歌头·游泳》

示例2：《山坡羊·潼关怀古》

示例3：《七律·长征》

（4）在构成标题或栏目名称的并列词语之间，用间隔号标示。

示例：《日·月·星》

（5）以月、日为标志的事件或节日，用汉字数字表示时，只在一、十一和十二月后用间隔号；当直接用阿拉伯数字表示时，月、日之间均用间隔号（半角字符）。

示例1："一二·九"运动

示例2："9·11"恐怖袭击事件

8. 书名号的形式和基本用法

1）书名号的形式

书名号的形式有双书名号"《》"和单书名号"〈 〉"。

2）书名号的基本用法

（1）书名、刊物名、报纸名、篇名、文件名等，用书名号标示。

示例1：《体育教学论》（书名）

示例2：《体育科学》（刊物名）

示例3：《中国体育报》（报纸名）

示例4:《体育之研究》（篇名）

（2）电影、电视、音乐、诗歌、雕塑等各类用文字、声音、图像等表现的作品的名称，用书名号标示。

示例1:《夺冠》（电影名）

示例2:《排球女将》（电视剧名）

示例3:《亚洲雄风》（歌曲名）

示例4:《静夜思》（诗歌名）

示例5:《掷铁饼者》（雕塑名）

（3）全中文或中文在名称中占主导地位的软件名，用书名号标示。

示例:《电脑管家》是腾讯公司出品的一款安全软件。

（4）作品名的简称，用书名号标示。

示例:2018年8月18日,中共中央印发了修订后的《中国共产党纪律处分条例》（以下简称《条例》）。

（5）当书名号里还有书名时，外面用双书名号，里面用单书名号。

示例:《〈共产党人〉发刊词》系统阐述了毛泽东建党思想，提出了党的建设伟大工程，解答了建设一个什么样的党、怎样建设党这个重大问题。

9. 专名号的形式与用法

1）专名号的形式

专名号的形式为"＿"。

2）专名号的基本用法

古籍和文史类著作中出现的地名、人名、国名、朝代名等专有名词下面，可用专名号标示。

示例1:孙坚人马被刘表率军围得水泄不通。

示例2:冀、青、幽三州兵马五十多万。

示例3:汉派遣使节出使西域。

示例4:自咸宁二年到太康十年,徙居塞内的有40余万人。

10. 分隔号的形式和基本用法

1）分隔号的形式

分隔号的形式为"／"。

2）分隔号的用法

（1）诗歌接排时分隔诗行可用分隔号。

示例：锄禾日当午／汗滴禾下土／谁知盘中餐／粒粒皆辛苦。

（2）标示诗文中的音节节拍时用分隔号。

示例：借问／酒家／何处有，牧童／遥指／杏花村。

（3）分隔供选择或可转换的两项，表示"或"，用分隔号。

可以通过点击"放大／缩小"按钮来调节图片大小。

（4）分隔组成一对的两项，表示"和"，用分隔号。

示例：羽毛球奥运男双决赛中，中国选手蔡赟/傅海峰以2：0战胜丹麦选手鲍伊/摩根森，获得冠军。

（5）当分隔层级或类别时，用分隔号。

示例：中国人民解放军现行军衔制，军官军衔共分三等十级，即将官（上将、中将、少将）／校官（大校、上校、中校、少校）／尉官（上尉、中尉、少尉）。

三、标点符号的位置和书写形式

（一）横排文稿标点符号的位置和书写形式

（1）句号、逗号、顿号、分号、冒号均应置于文字之后，占一个字，居左下，不能出现在一行之首。

（2）问号、叹号应置于文字之后，占一个字，居左，不能出现在一行之首。两个问号（或叹号）叠用时，占一个字；三个问号（或叹号）叠用时，占两个字；问号和叹号连用时，占一个字。

（3）引号、括号、书名号中的两部分应标在相应项目两端，各占一个字。其中前一半不能出现在一行末，后一半不能出现在一行首。

（4）破折号应标在相应项目之间，占两个字，上下居中，不能中间断开分处上行末和下行首。

（5）省略号占两个字，两个省略号连用时占四个字并应单独占一行。省略号不能中间断开分处上行末和下行首。

（6）连接号的短横线比汉字"一"略短，占半个字；一字线比汉字"一"略长，占一个字；浪纹线占一个字。连接号上下居中，不能出现在一行首。

（7）间隔号应标在需要隔开的项目间，占半个字，上下居中，不能出现在一行之首。

（8）着重号和专名号应标在相应文字下边。

（9）分隔号占半个字，不能出现在一行首或一行末。

（10）标点符号排在一行末时，若为全角字符则应占半角字符的宽度（即半个字），以便使视觉效果更为美观。

（11）在实际论文写作过程中，为排版美观、方便阅读等需要，可适当压缩标点符号所占用的空间。

（二）竖排文稿标点符号的位置和书写形式

（1）句号、问号、叹号、顿号、逗号、分号和冒号均应置于相应文字之下偏右。

（2）破折号、省略号、连接号、间隔号和分隔号应置于相应文字之下居中，上下方向排列。

（3）引号应改用双引号"﹁""﹂"和单引号"﹃""﹄"，括号改用"︵""︶"，标在相应项目的上下。

（4）竖排文稿中使用浪线式书名号"﹏"，标在相应文字左侧。

（5）着重号标在相应文字右侧，专名号标在相应文字左侧。

（6）横排中关于某些标点不能居行首或行末的要求，同样适用于竖排文稿。

第三节 体育统计基础知识

掌握必要的体育统计知识和方法，对于学生完成毕业论文至关重要。体育统计是综合运用数理统计的原理、方法对体育领域里各种随机现象的规律性进行研究的过程，同时也是对统计资料数据进行收集、整理和分析的过程，是一项具有复杂性、系统性和整体性特点的工作。

一、体育统计的基本概念

（一）总体、样本、样本含量

1. 总体

根据研究目的而确定的同质对象的全体称为总体。

2. 样本

从总体中抽取的部分个体组成的集合称为样本。

3. 抽样

从总体中抽取部分样本单位来代表和推断总体称为抽样。

4. 样本含量

样本中包含的个体数量称为样本含量。

（二）参数与统计量

1. 参数

代表总体特征的统计指标称为参数，它是研究者想要了解的总体的某种特征值。

2. 统计量

关于样本特征的统计指标称为统计量，它是由样本数据计算出来的一个量。

（三）指标和变量

1. 指标

反映研究对象某些特征的可被研究者或仪器感知的现象称为指标。指标可分为定性指标和定量指标。

2. 变量

变量是说明现象某种特征的可以取不同值的量。统计数据就是统计变量的具体表现。变量可分为定量变量和定性变量。

（四）统计误差

测量值与真值之差称为统计误差。误差具体可分为以下几种。

1. 随机误差

由无法控制的偶然因素造成的一种不恒定的、随机变化的误差称之为随机误差。

2. 系统误差

由仪器不准等原因导致的倾向性误差称之为系统误差。

3. 抽样误差

由随机抽样造成的样本统计量与总体统计参数间的差别称之为抽样误差。

4. 过失误差

由研究者偶然失误而造成的误差称之为过失误差。

（五）有效数字

通常将仅保留末一位估计数字，其余数字为准确数的数字称为有效数字。从左起第一位非零数字开始，清点有效数字的位数，命名其有几位有效数字，如35.4为3位有效数字，0.001 3为2位有效数字，0.034 0为3位有效数字。

二、数据的收集与整理

（一）数据的来源

1. 常规性数据

常规性数据是指体育工作者在日常工作、科研中已经产生的可供研究者获得的数据资料，主要包括积累类数据、文献类数据和报表类数据。

1）积累类数据

积累类数据是指在日常工作中，有目的、有计划地将观察到的事物或现象的情况记录下来，长期积累出来的一手数据。

2）文献类数据

文献类数据主要是指国家和各级政府统计部门定期公布的统计资料。这些资料可通过互联网查阅，便于研究者研究使用。

3）报表类数据

报表类数据是指国家和地方政府部门报表制度中形成的数据。这些数据主要是由基层单位原始记录的。

2. 专题性数据

研究者如果要进行体育领域某一专题的研究，仅靠常规性数据是不够的，必须进行专题研究才行。通过专题研究所获得的数据称为专题性数据。

专题性数据可分为专题性调查数据和专题性实验数据。通过专题性调查所获得的数据称为专题性调查数据，通过专题性实验所获得的数据称为专题性实验数据。

（二）数据的收集方法

1. 观察

观察是指研究者在不干扰自然、社会发展的前提下，根据研究目的，通过感官或使用仪器对研究对象进行考察和计量，从而获得较为可靠的一手数据的方法。

2. 实验

实验是指研究者根据研究目的，利用研究手段控制研究对象，在排除其他干扰的基础上，获得事实数据的方法。

3. 统计调查

统计调查是指研究者根据研究目的，使用合理的调查方法、手段，有计划、有组织地进行数据收集的过程。问卷调查是统计调查常用的调查形式。

（三）数据的整理过程

1. 数据的审核

数据的审核是对数据的完整性和准确性进行检查和复核。一般可分为以下三个步骤。

1）初审

数据的初审主要是指对所得数据"疑""缺""误"的检查。"疑"是指记录不清晰、不能辨认的数据；"缺"是指未填写的且无法补充的数据；"误"是指有明显错误的数据。对以上这三种数据应认真初审并予以剔除。

2）逻辑检查

逻辑检查是指在数据初审后，通过分析找出那些在逻辑上有错误的数据。逻辑检查要根据专业知识、常识和指标的关系进行逻辑推理，如100米跑的成绩出现了9秒，每天参与体育锻炼的时间出现了20小时，等等。若某个数据出现了明显的逻辑错误，必须予以剔除。

3）复核

经过数据的初审和逻辑检查后，还要对数据做进一步的复核，如抽取一定比例的数据进行重新检查等，以确保数据的准确性和完整性。

2. 数据的汇总

数据的汇总是指在数据审核后，按照数据的类型或特征将数据分成若干组，并根据各组所含数据的个数制成频数分布表等。

三、样本特征数

（一）集中位置数

反映集中趋势的统计指标称为集中位置数或集中位置量数，主要包括平均数、中位数和众数等。

1. 算术平均数

1）定义

所有同质数据的总和除以数据的个数所得的商，即为该组数据的算术平均数，简称平均数、均数或均值。也就是说，如果有一组数据（$i=1，2，3，\cdots，n$），则

$$\bar{x}=\frac{\sum\limits_{i=1}^{n}x_i}{n} \tag{3-1}$$

也可简化为

$$\bar{x}=\frac{\sum x}{n} \tag{3-2}$$

式中，$\sum x_i=x_1+x_2+\cdots+x_n$为数据的总和，$\bar{x}$（读作x bar）为算术平均数，$x_i$为某个体变量。

2）平均数的直接算法

示例：若有6人的100米成绩（单位：秒）分别为11.3、11.5、12.6、12.4、11.9、12.7，求其100米成绩的算术平均数。

解：6人100米成绩的算术平均数为

$$\begin{aligned}\bar{x}&=\frac{\sum x}{n}\\&=\frac{11.3+11.5+12.6+12.4+11.9+12.7}{6}\\&\approx12.07（秒）\end{aligned}$$

3）平均数的加权算法

加权法计算算术平均数的公式为

$$\bar{x}=\frac{x_1f_1+x_2f_2+\cdots+x_nf_k}{f_1+f_2+\cdots+f_k}=\frac{\sum\limits_{i=1}^{k}x_i\cdot f_1}{\sum\limits_{i=1}^{k}f_i} \tag{3-3}$$

示例：某大一4个班学生的体质测试成绩：一班有30人，平均分为84分；二班有35人，平均分为85分；三班有38人，平均分为88分；四班有33人，平均分为89分。求4个班体质测试的总平均分。

解：4个班体质测试的总平均分为

$$\bar{x}=\frac{\sum\limits_{i=1}^{k}x_i\cdot f_i}{\sum\limits_{i=1}^{k}f_i}=\frac{84\times30+85\times35+88\times38+89\times33}{30+35+38+33}\approx86.59（分）$$

4）平均数的优缺点

（1）优点：算数平均数计算简单，是使用最为广泛的统计量。其可靠又具有很高的灵敏度，对数据的代表性最为充分。

（2）缺点：算数平均数容易受到极端数据的影响，因此在有极端数据存在的情况下，用算数平均数反映资料集中趋势的效果较差。

2. 中位数

1）定义

将数据按照大小顺序排列后，位于数据中间位置的数称为中位数。中位数常用M表示。

2）中位数的计算公式

（1）若n为奇数，则位于中间位置［第（$n+1$）/2位置］的那个数即中位数：

$$M = x_{\frac{n+1}{2}} \tag{3-4}$$

（2）若n为偶数，则位于中间两项，即第$n/2$与第$n/2+1$位置的两数的平均数就是中位数：

$$M = \frac{(x_{\frac{n}{2}} + x_{\frac{n}{2}+1})}{2} \tag{3-5}$$

3）中位数的计算步骤

（1）按从小到大排列数据。

（2）求项数：$O_m = （n+1）/2$。

（3）求中位数。

示例：大二6名学生的立定跳远成绩（单位：米）分别为2.45、2.20、2.05、2.26、2.40、2.17，试求中位数。

解：

①按从小到大排列数据：

$$2.05 \quad 2.17 \quad 2.20 \quad 2.26 \quad 2.40 \quad 2.45$$

②求项数：

$$O_m = （n+1）/2 = （6+1）/2 = 3.5$$

即中位数位于第三和第四项之间。

③求中位数：

$$M = （2.20 + 2.26）/2 = 2.23$$

4）中位数的优缺点

（1）优点：极端值不会影响中位数的大小，因此当有极端数据造成算数平均数失去代表性时，用中位数反映数据的集中趋势更为合适。

（2）缺点：在没有极端数据出现的情况下，用中位数反映数据的集中趋势，其代表性不如算数平均数。

3. 众数

1）定义

把一组数据中出现最多的那个数据称为众数。但一组数据中可能存在一个众数、多个众数，也可能没有众数。众数常用M_0表示。

2）众数的计算方法

（1）当样本量小时，可直接数出数据的个数，其中个数最多的数据就是这组数据的众数。

（2）当样本量大时，需要列频数分布表，在表中频数分布最多的组的组中值就是这组数据的众数。

示例：已知100名学生100米成绩（单位：秒）的频数分布如表3-1所示，试求本组数据的众数。

表3-1　100名学生100米成绩的频数分布表

组别	组限	频数
1	11.0 ~ 11.2	2
2	11.2 ~ 11.4	4
3	11.4 ~ 11.6	7
4	11.6 ~ 11.8	10
5	11.8 ~ 12.0	12
6	12.0 ~ 12.2	31
7	12.2 ~ 12.4	14
8	12.4 ~ 12.6	11
9	12.6 ~ 12.8	6
10	12.8以上	3

解：在表3-1中，频数最多的是第6组，频数为31，该组的组中值为

$$(12.0+12.2)/2=12.1（秒）$$

由众数的计算方法可知这组数据的众数：

$$M_0=12.1（秒）$$

3）众数的优缺点

（1）优点：和中位数类似，当极端数据影响算数平均数的代表性时，众数更为适合反映数据集中趋势。

（2）缺点：没有极端数据时，用众数反映数据的集中趋势，其代表性不如算数平均数。

（二）离中位置数

反映离散特征的统计指标称为离中位置数或离中位置量数，主要包括全距、标准差和变异系数等。

1. 全距

1）定义

一组数据的最大值和最小值的差称之为全距或极差，常用字母R表示。R越大，表示数据的离散程度越大；反之，则越小。

2）全距的计算公式

$$R=x_{max}-x_{min} \tag{3-6}$$

示例：若6名运动员的铅球成绩（单位：米）分别为10.5、11.2、11.5、10.9、12.1、10.4、11.6，试求全距。

解：

$$R=x_{max}-x_{min}=12.1-10.4=1.7（米）$$

3）全距的优缺点

（1）优点：全距计算简单，统计用时少，能大体反映数据的离散程度。

（2）缺点：全距只计算最大值和最小值的差，不但忽视了中间大部分数据信息，而且还易受极端数据影响。

2. 标准差

1）定义

所有变量值与其均数的离差平方的算术平均数的平方根称之为标准差，常用字母S表示。

2）标准差的计算公式

$$S = \sqrt{\frac{\sum (x - \bar{x})^2}{n-1}} \tag{3-7}$$

也可变形为下面的计算公式：

$$S = \sqrt{\frac{\sum x^2 - (\sum x)^2/n}{n-1}} \tag{3-8}$$

这样省去计算平均数，避免了因四舍五入而造成计算不准确的现象。

3）标准差的计算步骤

（1）列标准差计算表，求出变量的和$\sum x$及变量的平方和$\sum x^2$。

（2）根据计算公式求S。

示例：6名学生体质测试引体向上的成绩（单位：次）分别为5、4、6、8、10、8，试求其标准差。

解：

① 列标准差计算表（表3-2），求出变量的和$\sum x$及变量的平方和$\sum x^2$。

表3-2 准差计算表

编号	1	2	3	4	5	6	和
x	5	4	6	8	10	8	41
x^2	25	16	36	64	100	64	305

② 根据计算公式（3-8）求S：

$$S = \sqrt{\frac{\sum x^2 - (\sum x)^2/n}{n-1}}$$

$$= \sqrt{\frac{305 - 41^2/6}{6-1}}$$

$$\approx 2.23（次）$$

4）标准差的意义

标准差是最重要的离中位置量数，它可以为平均数的代表性做出补充说明。标准差越大，表明数据的离散程度越大，平均数的代表性越差；标准差越小，表明数据的离散程度越小，平均数的代表性越好。

3. 变异系数

1）定义

变异系数就是标准差与平均数的百分比。它是没有单位的相对数，常用CV表示。CV的值越小，数据越稳定；反之，越不稳定。

2）变异系数的计算公式：

$$CV = \frac{S}{\bar{x}} \times 100\% \qquad\qquad (3-9)$$

示例：一位运动员的100米和跳远30次测试结果的统计数据为：100米的平均成绩为12.5秒，标准差为0.12秒；跳远的平均成绩为5.5米，标准差为0.16米。试比较该运动员100米和跳远成绩的稳定性。

解：

$$100\text{米成绩的变异系数} CV_1 = \frac{S_1}{\bar{x}} \times 100\% = \frac{0.12}{12.5} \times 100\% = 0.96\%$$

$$跳远成绩的变异系数 CV_2 = \frac{S_2}{\bar{x}} \times 100\% = \frac{0.16}{5.5} \times 100\% = 2.91\%$$

因为$CV_1 < CV_2$，所以该运动员的100米成绩较为稳定。

3）变异系数的意义

当比较性质、单位不同或平均数不相等数据的稳定性时，应用变异系数是非常有效的方法。变异系数越大则数据稳定性越差，变异系数越小说明数据越稳定。如在运动训练中，多次测试仍然出现变异系数较大的情况，就应该及时对训练方法和计划做出调整，以确保训练效果的稳定性。

四、相对数与动态分析

（一）相对数

1. 相对数的概念与意义

1）相对数的概念

相对数又称相对指标，是两个有关的绝对数或两个统计指标之比。相对数能够从数量上反映两个相互联系的现象之间的对比关系。

2）相对数的意义

（1）相对数使不能直接对比的指标成为可以比较的指标。

不同数量的指标，在很多时候是不能拿来直接进行比较的。在这种情况下，只有将其变为相对数，才能达到对比的目的。

（2）相对数是统计学中进行动态分析的重要基础和依据。

在不断发展的客观世界中，想要对比相互联系的事物的发展变化规律，动态分析是重要方法之一，而相对数是动态分析的一项重要的基础和依据。

2. 相对数的指标与计算

1）率

（1）定义：率是用发生数与可能发生总数之比来说明某现象发生频率或强度的相对数，通常有百分率、千分率等。

（2）率的计算公式：

$$率 = \frac{发生次数}{可能发生总次数} \times K \qquad （3-10）$$

式中，K为比例系数，可根据需要选择100%、1 000‰等。

示例：2018年某高校学生参加体质达标测试的情况如表3-3所示。试求该校大一学生2018年的达标率。

表3-3　2018年某高校体质达标测试情况表

年级	测试人数/人	合格人数/人
大一	1 125	1 044
大二	1 089	978
大三	1 074	991
大四	997	906
合计	4 285	3 919

解：

$$大一学生2018年的达标率 = \frac{1\ 044}{1\ 125} \times 100\% = 92.8\%$$

2）构成比

（1）定义：事物中某一部分在整体中所占的比重称之为构成比。

（2）构成比的计算公式：

$$构成比 = \frac{某一组成部分的单位数}{事物各部分的单位总数} \times 100\% \qquad （3-11）$$

示例：表3-4是一堂羽毛球训练课的主要内容及时间分配情况。试求基本部分时间的构成比。

表3-4　羽毛球训练课的主要内容及时间分配表

内容	时间/分
准备活动	8
基本部分	32
结束部分	5
合计	45

解：

$$基本部分时间的构成比 = \frac{32}{45} \times 100\% \approx 71.11\%$$

3）相对比

（1）定义：相互联系的两个指标之间的比称作相对比。相对比主要用来描述两个指标间的对比水平。

（2）相对比的计算公式：

$$相对比 = \frac{甲指标}{乙指标} \qquad （3-12）$$

在体质测量评价中，经常使用相对比，如肺活量指数、BMI指数等，其计算公式如下：

$$肺活量指数 = \frac{肺活量}{体重} \qquad （3-13）$$

$$BMI指数 = \frac{体重}{身高^2} \qquad （3-14）$$

式中，肺活量单位为毫升，体重单位为千克，身高单位为米。

示例：在体质测量中，某位大二男生的体重为83千克，身高为1.75米，试求其BMI指数。

解：

$$BMI指数 = \frac{83}{1.75^2} \approx 27.1$$

（二）动态分析

1. 动态分析的概念与意义

1）动态分析的概念

动态分析是以客观现象的数量特征为依据，判断其是否符合正常的发展趋势，发现其偏离的原因并对其未来进行预测的一种统计分析方法。

2）动态分析的意义

（1）动态分析能考察事物某些指标发展变化的方向、速度和规律。

在各个领域，事物是随着时间而发展变化的，如人的运动能力、身体机能水平都会随着年龄的增长或锻炼时间的延长而变化。通过动态分析，就可以找到被测者运动能力、身体机能随年龄变化的规律及身体锻炼对其影响程度和方向。

（2）动态分析在对动态数列分析的基础上，能预测事物发展的水平。

任何事物都有其发展规律，找到规律就意味着可以对其进行预测。通过对动态数列的分析，可以达到把握规律进而预测发展水平的目的。

2. 动态分析的步骤

1）编制动态数列

事物的某一统计指标随着时间的变化而形成的数据序列称之为动态数列。动态数列是动态分析的基础，因此首先要根据相应数据编制动态数列。

2）动态数列的计算

动态数列的计算即对动态相对数的计算。动态相对数有很多种，一般包括定基比、环比和增长值等。

3）制作动态分析图

为更加直观地展示事物变化的动态规律，在计算完动态相对数后，还应根据其数值制作动态分析图。

3. 动态分析的计算

1）定基比

（1）定义：定基比是指各时期数值与某一固定时间（基期）数值的比，主要用来表明事物在较长时期内的发展速度。

（2）定基比的计算公式：

$$定基比 = \frac{比较期数值}{基期数值} \times 100\%$$

（3-15）

示例：某市7～18岁男生立定跳远情况动态分析如表3-5所示。

表3-5　某市7～18岁男生立定跳远情况动态分析表

年龄/岁	人数/人	平均成绩/厘米	定基比/%
7	87	110.3	100.0
8	96	116.1	105.3
9	85	126.7	114.9
10	97	132.4	120.0
11	115	136.4	123.7
12	112	142.5	129.2
13	89	164.8	149.4
14	91	165.6	150.1
15	103	182.9	165.8
16	94	190.5	172.7
17	86	198.8	180.2
18	84	206.3	187.0

表3-5中的第四列为定基比，7岁男生立定跳远的平均成绩110.3厘米为基期数值。男生立定跳远定基比由以下方式算出：

$$8岁男生立定跳远成绩的定基比 = \frac{116.1}{110.3} \times 100\% \approx 105.3\%$$

$$9岁男生立定跳远成绩的定基比 = \frac{126.7}{110.3} \times 100\% \approx 114.9\%$$

…………

2）环比

（1）定义：环比是各时期指标数值与前一期指标数值之比。因各时期都以前一期为基数依次更迭进行对比，恰如连环，故称作环比。

（2）环比的计算公式：

$$环比 = \frac{比较期数值}{前一期数值} \times 100\% \qquad (3-16)$$

示例：某市7～8岁女生立定跳远情况动态分析如表3-6所示。

表3-6　某市7～18岁女生立定跳远情况动态分析表

年龄/岁	人数/人	平均成绩/厘米	环比/%
7	103	107.3	
8	112	115.2	107.4
9	124	122.5	106.3
10	98	125.6	102.5
11	103	133.6	106.4
12	117	136.8	102.4
13	131	149.7	109.4
14	95	153.5	102.5
15	101	156.4	101.9
16	99	151.4	96.8
17	116	148.1	97.8
18	127	152.7	103.1

表3-6中的第四列为环比，是每岁女生立定跳远测量数值与前一岁测量值的比。女生立定跳远环比由以下方式算出：

$$8岁女生立定跳远成绩的环比 = \frac{115.2}{107.3} \times 100\% \approx 107.4\%$$

$$9岁女生立定跳远成绩的环比 = \frac{122.5}{115.2} \times 100\% \approx 106.3\%$$

············

3）增长值

（1）定义：增长值是指在一定时间间隔内某指标增长的绝对数值。增长值又分为逐期增长值和累计增长值。

（2）增长值的计算公式：

$$逐期增长值＝各时期指标数值－前一期指标数值 \qquad （3-17）$$

$$累计增长值＝各时期指标数值－基期指标数值 \qquad （3-18）$$

示例：某市7~18岁男生身高情况动态分析如表3-7所示。

表3-7　某市7~18岁男生身高情况动态分析表

年龄/岁	人数/人	平均数/厘米	逐期增长值/厘米	累计增长值/厘米
7	120	122.1		
8	103	126.7	4.6	4.6
9	135	131.6	4.9	9.5
10	104	136.7	5.1	14.6
11	99	140.4	3.7	18.3
12	106	146.8	6.4	24.7
13	115	156.3	9.5	34.2
14	117	161.7	5.4	39.6
15	97	167.2	5.5	45.1
16	125	170.3	3.1	48.2
17	128	171.8	1.5	49.7
18	96	172.5	0.7	50.4

表3-7中的第四列为逐期增长值，第五列为累计增长值。男生身高增长值由以下方式算出：

$$8岁时的身高逐期增长值＝126.7-122.1＝4.6（厘米）$$

$$9岁时的身高逐期增长值＝131.6-126.7＝4.9（厘米）$$

…………

男生身高的累计增长值由以下方式算出：

$$8岁时的身高累计增长值＝126.7-122.1＝4.6（厘米）$$

$$9岁时的身高累计增长值＝131.6-122.1＝9.5（厘米）$$

…………

4.动态分析图

动态分析通过数据描述有时不够直观，为了更清晰地展示指标的动态变化，往往需要制作动态分析图来反映分析的结果。

1）定基比动态图

根据表3-5中某市7~18岁男生的立定跳远数据，制作以年龄为横坐标、定基比为纵坐标的定基比动态图（图3-1）。

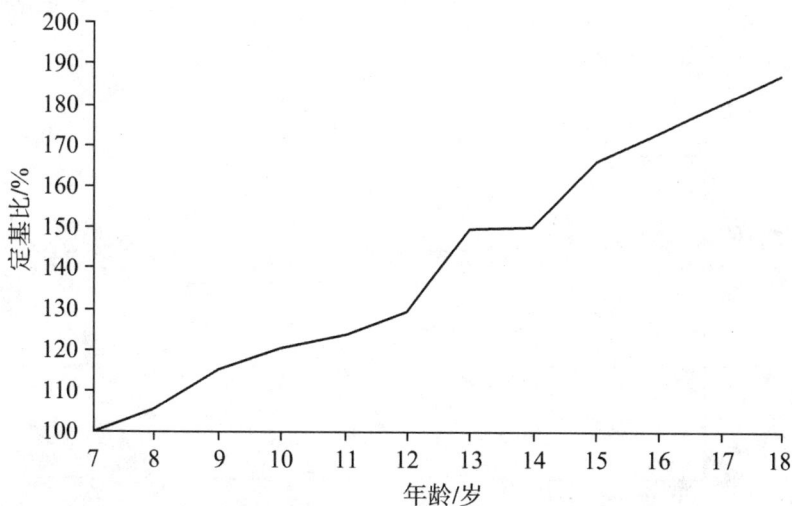

图3-1　某市7~18岁男生立定跳远定基比动态图

图3-1反映的是7~18岁男生立定跳远成绩的整体增加情况。在图中可以看出，男生在12~13岁时成绩增长得最快，而13~14岁成绩增长的速度较为缓慢。

2）环比动态图

根据表3-6中某市7~18岁女生的立定跳远数据，制作以年龄为横坐标、环比为纵坐标的环比动态图（图3-2）。

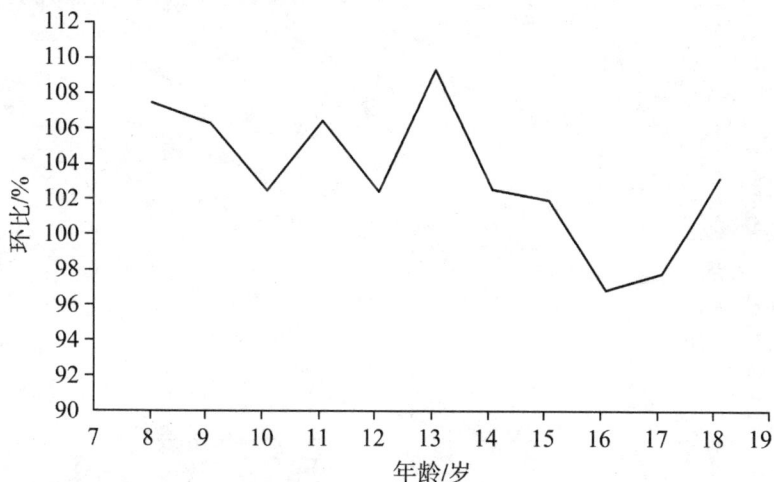

图3-2　某市7~18岁女生立定跳远定基比动态图

图3-2反映出7～18岁女生立定跳远成绩在12～13岁时提高最快，10～11岁时次之，而在14～15岁时成绩降低。值得注意的是环比动态图可以和定基比动态图对照观看，这样更能够揭示数据变化的动态。

3）平均数动态图

根据表3-7中某市7～18岁男生的身高数据，制作以年龄为横坐标、身高平均数为纵坐标的平均数动态图（图3-3）。

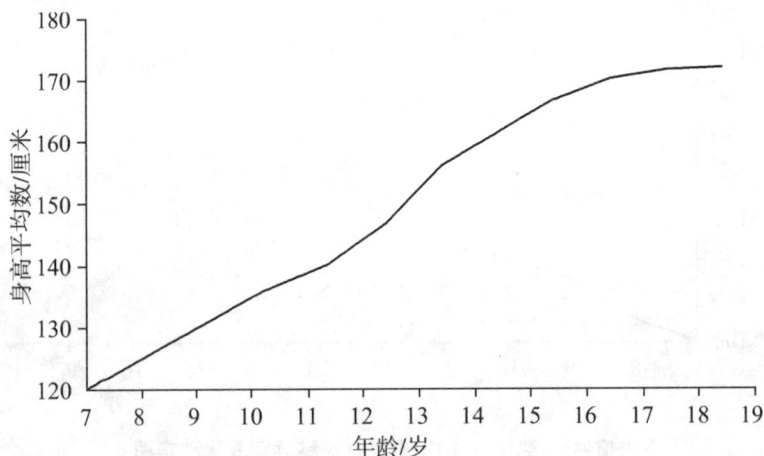

图3-3　某市7～18岁男生身高平均数动态分析图

从图3-3中可以清楚地看出，在16岁以前男生的身高快速增长，但到16岁以后增长速度放缓。通过此平均数动态图，能够更加清楚直观地看出每年身高增长的动态变化趋势。

4）增长动态图

根据表3-7中某市7～18岁男生的身高逐期增长值数据，制作以年龄为横坐标、身高逐期增长值为纵坐标的增长动态图（图3-4）。

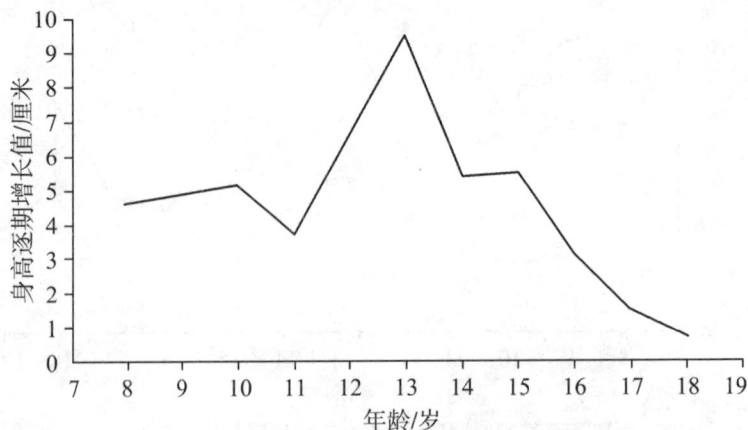

图3-4　某市7～18岁男生身高逐期增长值动态分析图

从图3-4中能够清楚地看到，男生在11～13岁的身高增长速度非常迅速，但从15岁以后身高增长速度呈逐年降低趋势。

五、体育评分

（一）标准分

1. 定义

在体育训练和竞赛中，凡是总体满足正态分布的指标数据，均可以使用标准分法。标准分法是以正态变量进行标准化转换后的值作为得分的方法，一般可分为标准分和标准百分。

2. 标准分的计算公式

对于高优指标，计算公式为

$$Z = \frac{x - \bar{x}}{S} \tag{3-19}$$

对于低优指标，计算公式为

$$Z = \frac{\bar{x} - x}{S} \tag{3-20}$$

示例：某跳远样本统计量为 $\bar{x} = 5.65$ 米，$S = 0.30$ 米。若学生甲的跳远成绩为5.80米，试求其标准分。

解：跳远是高优指标，将数据带入公式后，得到学生甲跳远的标准分为

$$Z = \frac{x - \bar{x}}{S} = \frac{5.80 - 5.65}{0.30} = 0.5$$

3. 标准百分的计算公式

对于高优指标，计算公式为

$$T = 50 + \frac{x - \bar{x}}{S} \times 10 \tag{3-21}$$

对于低优指标，计算公式为

$$T = 50 + \frac{\bar{x} - x}{S} \times 10 \tag{3-22}$$

示例：表3-8是某次全国社会体育指导员大赛体能比赛指标统计表，请计算甲选手力量比赛和灵敏比赛的标准百分。

表3-8　某次全国社会体育指导员大赛体能比赛指标统计表

成绩	平均数	标准差	甲选手
力量比赛/千克	124.0	15.0	154.0
灵敏比赛/秒	45.0	4.0	41.0

解：力量是高优指标，而灵敏是低优指标，将数据带入公式后，得到甲选手力量比赛和灵敏比赛的标准百分。

力量比赛标准百分 $T_1 = 50 + \dfrac{x-\bar{x}}{S} \times 10 = 50 + \dfrac{154-124}{15} \times 10 = 70$

灵敏比赛标准百分 $T_2 = 50 + \dfrac{\bar{x}-x}{S} \times 10 = 50 + \dfrac{45-41}{4} \times 10 = 60$

（二）位置百分

1. 定义

位置百分是将原始数据进行排序后，计算某个成绩在群体中的所处位置的比，并将此作为分数的评分方法。

2. 位置百分的计算公式

$$P = \frac{m}{n} \times 100$$

式中，P 为位置百分，n 为样本含量，m 为某一成绩的位置。
（3-23）

示例：某学校90名学生体质达标测试立定跳远成绩（单位：厘米）排序为190、192、195、197、198、199、201、203、204……266、267、268。计算成绩为204厘米的学生的位置百分。

解：204排在第9位，样本含量为90，将数据带入公式后，即可得到成绩为204厘米时的位置百分。

$$P = \frac{m}{n} \times 100 = \frac{9}{90} \times 100 = 10$$

（三）名次百分

1. 定义

对于没有具体数量的指标，可根据其名次计算分数。使用名次计算出的百分称之为名次百分。

2. 名次百分的计算公式

$$P = 100 - \frac{100\,(x-0.5)}{n}$$

（3-24）

式中，P为名次百分，x为名次，n为样本含量。

示例：社区组织老年人篮球投篮比赛，老人甲在参加比赛的30人中排名第15，试求老人甲投篮比赛的名次百分。

解：老人甲的排位为15，样本含量为36，带入公式可计算出其名次百分。

$$P = 100 - \frac{100\,(x-0.5)}{n} = 100 - \frac{100\,(15-0.5)}{36} \approx 59.72$$

六、假设检验

（一）假设检验的基本思想

假设检验的基本思想是利用反证法和小概率原理，通过样本来确定接受还是拒绝统计假设的统计推断方法。即首先在假定原假设正确的条件下计算出样本或样本统计量的概率，如果此事件发生概率很小，譬如小于5%，就可以拒绝原来的假设，而接受备择假设；反之，则接受原假设。

（二）假设检验的步骤

（1）建立统计假设：提出不具有显著性差异的原假设（H_0）和具有显著性差异的备择假设（H_1）。

（2）选择和计算检验统计量。

（3）获得检验统计量观测值发生的概率P。

（4）给定显著性水平α，比较并做出统计结论。如果$P<\alpha$就拒绝原假设（H_0），接受备择假设（H_1）；如果结果相反，就接受原假设（H_0）。

（三）常用的假设检验方法

1. t检验

（1）单样本t检验是对已知样本均值（代表未知总体均值μ）与已知总体均值μ_0差异是否具有显著性的t检验。公式如下：

$$t = \frac{|\overline{X}-\mu|}{\frac{S}{\sqrt{n}}} \tag{3-25}$$

适用条件及注意事项如下。

① 必须知道一个总体均值。

② 能得到一个样本的均值及标准误差。

③ 样本来自正态或近似正态总体。

示例：某省高中学生台阶指数平均值为123.10。某高中18名学生台阶指数平均值为109.82，标准差为12.58。问：该学校18名学生台阶指数水平与全省有无显著性差异？（$\alpha = 0.05$）

解：

① H_0：$\mu = \mu_0$（该学校18名学生台阶指数与全省无显著性差异）。

② 计算t值：

$$t = \frac{|\bar{X} - \mu|}{\frac{S}{\sqrt{n}}} = \frac{|109.82 - 123.10|}{\frac{12.58}{\sqrt{18}}} = 4.47$$

③ 查t值表：

给定$\alpha = 0.05$，自由度$n' = 18 - 1 = 17$。

查t值表（双侧），$t_{0.05/2} = 2.11$。

④ 比较：

$$|t| = 4.47 > t_{0.05/2} = 2.11，\quad P < 0.05$$

拒绝原假设，接受备择假设。

结论：该学校18名学生台阶指数水平与全省水平相比差异具有显著性。

（2）独立样本t检验是对两个来自正态总体的独立样本均值（$\bar{x}$和$\bar{y}$）所代表的未知两总体均值（μ_x和μ_y）差异是否具有显著性的t检验。公式如下：

$$t = \frac{|\bar{x}_1 - \bar{x}_2|}{\sqrt{\frac{S_1^2}{n_1} + \frac{S_2^2}{n_2}}} \tag{3-26}$$

适用条件及注意事项如下。

① 两独立样本均来自正态或近似正态总体；

② 能得到两个样本均值及其标准差，两样本含量不要求相同；

③ 应根据两总体方差是否相等来进行独立样本t检验。

示例：经测量，某市9～11岁学生肩胛＋上臂皮下脂肪厚度统计数据如表3-9所示。问：该市9～11岁男生与女生肩胛＋上臂皮下脂肪厚度是否具有显著性差异？（$\alpha = 0.01$）

表3-9　某市9～11岁学生肩胛+上臂皮下脂厚度统计表

性别	人数/人	平均值/毫米	标准差/毫米
男	90	11.874 4	2.429 6
女	90	13.604 4	2.929 3

解：

① H_0：$\mu = \mu_0$（该市9～11岁男、女生肩胛+上臂皮下脂肪厚度无显著性差异）。

② 计算t值：

$$t = \frac{|\overline{x}_1 - \overline{x}_2|}{\sqrt{\dfrac{S_1^2}{n_1} + \dfrac{S_2^2}{n_2}}} = \frac{|11.874\,4 - 13.604\,4|}{\sqrt{\dfrac{2.429\,6^2}{90} + \dfrac{2.929\,3^2}{90}}} = 4.31$$

③ 查t值表：

给定$\alpha = 0.01$，自由度$n' = n_1 + n_2 - 2 = 90 + 90 - 2 = 178$。

查t值表（双侧），$t_{0.01/2} = 2.60$。

④ 比较：

$$|t| = 4.31 > t_{0.01/2} = 2.60,\ P < 0.01$$

拒绝原假设，接受备择假设。

结论：该市9～11岁男性学生与女性学生的肩胛+上臂皮下脂肪厚度水平的差异具有显著性。

（3）配对样本t检验指的是比较两个配对样本或成对样本均值的t检验。其公式如下：

$$t = \frac{\overline{d}}{\dfrac{S_d}{\sqrt{n}}} \tag{3-27}$$

其服从$n' = n - 1$的t分布。式中，d为每对观测值的差值，$\overline{d}$为d的平均数，S_d为d的标准差，n为所配对数。

适用条件及注意事项如下。

① 要求被比较的两个样本有配对关系（两样本观测值的数目相同，两样本观测值的顺序不能随意更改）。

② 两独立样本均来自正态或近似正态总体。

示例：已知安静时的心率服从正态分布，为探讨有氧运动对心率的影响，在某体育院校随机抽取10名健康男性学生进行为期6个月的训练。训练后的情况如表3-10所

示。问：长跑是否会使安静时的心率减慢？（$\alpha = 0.01$）

表3-10　长跑训练后前后的心率

编号	训练前	训练后	d	d^2
1	72	52	20	400
2	68	46	22	484
3	76	55	21	441
4	65	60	15	225
5	62	48	14	196
6	64	54	10	100
7	59	48	11	121
8	64	65	−1	1
9	57	50	7	49
10	78	56	22	484

解：

① H_0：$\mu_d = 0$；H_1：$\mu_d > 0$。

② 计算检验统计量：

$$\bar{d} = \frac{\sum d}{n} = \frac{141}{10} = 14.1$$

$$S_d = \sqrt{\frac{\sum d^2 - \frac{(\sum d)^2}{n}}{n-1}} = \sqrt{\frac{2\,501 - \frac{141^2}{10}}{10-1}} = 7.549$$

$$t = \frac{\bar{d}}{\frac{S_d}{\sqrt{n}}} = \frac{14.1}{\frac{7.549}{\sqrt{10}}} = 5.907$$

③ 查t值表：

给定$\alpha = 0.01$，自由度$n' = n - 1 = 10 - 1 = 9$。

查t值表（单侧），$t_{0.01} = 2.821$。

④ 比较：

$$t = 5.907 > t_{0.01} = 2.821，\ P < 0.01$$

拒绝原假设，接受备择假设。

结论：经检验，差异具有显著性，可以认为长跑锻炼会使安静时的心率减慢。

2. χ^2检验

用χ^2（卡方）作为检验统计量的假设检验称为χ^2检验。χ^2检验常用于两个或两个以上样本率之间差异的显著性检验。其公式如下：

$$\chi^2 = \sum \frac{(A-T)^2}{T} \qquad (3-28)$$

式中，T为理论频数，A为实际频数。

示例：为比较新锻炼方法和原锻炼方法对健身俱乐部会员达到健康标准的影响，建立了实验组和对照组。实验组采用新的锻炼方法，对照组采用原锻炼方法。经过6个月的实验后，测评达到健康标准的情况如表3-11所示。试比较新锻炼方法和原锻炼方法对达到健康标准的影响是否具有显著性差异。（$\alpha = 0.05$）

表3-11 实验组、对照组达到健康标准情况统计表

	达标人数/人	未达标人数/人	合计/人
实验组	75	15	100
对照组	60	35	95
合计	145	50	195

解：

① H_0: $\pi_1 = \pi_2$。

在此假设下，两种锻炼方法具有相同的总体达标率，其理论预计值应为145/195 = 0.744，依据此达标率，可分别算出不同锻炼方法的理论达标人数。

新锻炼方法的理论达标人数 = $100 \times 0.744 = 74$（人）

新锻炼方法的理论未达标人数 = $100 - 74 = 26$（人）

原锻炼方法的理论达标人数 = $95 \times 0.744 = 71$（人）

原锻炼方法的理论未达标人数 = $95 - 71 = 24$（人）

② 计算χ^2值：列联表（表3-12）并计算。

表3-12 χ^2检验表

	达标人数 A（T）/人	未达标人数 A（T）/人	合计/人
实验组	85（74）	15（26）	100
对照组	60（71）	35（24）	95
合计	145	50	195

$$\chi^2 = \sum \frac{(A-T)^2}{T} = \frac{(85-74)^2}{74} + \frac{(60-71)^2}{71} + \frac{(15-26)^2}{26} + \frac{(35-24)^2}{24}$$

$$\approx 13.04$$

③查χ^2值表：

给定$\alpha = 0.05$，自由度$n' = $（行$-1$）×（列$-1$）=（$2-1$）×（$2-1$）$=1$。
查χ^2值表，$\chi^2_{0.05} = 3.84$。

④比较：

$$\chi^2 = 13.04 > 3.84，P < 0.05$$

拒绝原假设，接受备择假设。

结论：在对健身俱乐部会员达到健康标准的影响方面，新锻炼方法和原锻炼方法相比差异具有显著性。

七、统计表与统计图

（一）统计表

1.统计表的概念

统计表是将统计分析资料的特征指标数值用表格的形式列出。好的统计表能够将数据和分析结果简明地展示出来，使数据便于比较分析。

2.统计表的结构

（1）表号是表格的序号，位于表的正上方居中位置。如果章节中有多张表格，为便于指示和查找，应从前到后依次进行排序。

（2）标题是表格的名称，位于表的正上方居中位置，紧接在表号后面，一般与表号间留一字空。其作用在于简要说明表格中资料的内容、时间和空间范围等。若表内数据的单位相同，可在标题后用括号统一标注。

（3）标目是表格中对统计数据分类的项目。标目又分为横标目、总标目、纵标目。横标目位于表的左侧，向右说明各横行数据的含义。纵标目位于表的上侧，向下说明各纵列数据的含义。总标目是对横标目、纵标目内容的概括。横标目的总标目位于表格的左上角，纵标目的总标目根据是否需要来设置。

（4）线条是构成表格的框架。理工类论文中的表格一般有三条横线，因此又被称为"三线表"。"三线表"顶端和底端的两条线略粗，中间区分标目与数字的横线略细，其他线条略去，特别是表的左上角斜线和两侧的边线绝对不准使用。

（5）数字是统计表中的实质性内容，是对数据资料统计汇总、整理和计算的结果。表内数字用阿拉伯数字表示，填写完整，位数对齐，小数位一致。如果数字是"0"，要填写"0"；如果没有数字，要用"—"或空格表示。

（6）表注是对统计表内容进行的补充说明。表注不是表的必要组成部分，特殊情况需要说明时用"*"等标出，并连同说明文字写在表格的下面。

在表3-13中，"表3-13"为表号；"某校不同年龄学生体质测试合格人数统计表"为标题；"人"为单位；"年龄"为横标目的总标目，"性别"为纵标目的总标目，"13岁、14岁……"为横标目，"男生""女生"为纵标目；顶端和底端两条线略粗，中间一条线和横短线略细。

表3-13　某校不同年龄学生体质测试合格人数统计表

年龄	性别		合计/人
	男生/人	女生/人	
13岁	110	106	216
14岁	116	114	230
15岁	125	122	247
16岁	132	125	257
17岁	126	133	259
18岁	112	136	248

资料来源：海南省社科基金调查数据。

3. 统计表的类型

（1）只有一组横标目和一组纵标目所组成的统计表称作简单表。表3-3就是一个简单表。

（2）按两个或两个以上标且进行分组的统计表称作复合表。表3-14就是一个复合表。该表将年龄、性别和城乡结合进行分组，能够较为直观地分析不同年龄、不同性别的城乡学生的体质测试合格情况。

表3-14　某校不同性别城乡学生体质测试合格人数统计表

年龄	城市		农村	
	男生/人	女生/人	男生/人	女生/人
13岁	181	155	115	161
14岁	175	143	147	154
15岁	188	118	145	132
16岁	186	172	128	112
17岁	175	124	145	187
18岁	191	143	167	141

4. 编制统计表的注意事项

（1）表的标题要简单明了，能确切地反映表中数据的内容。

（2）表的横、纵标目要准确反映数据含义，排序要有一定的逻辑性。

（3）表的分组标志不应超过3个，如果超出，应制作多张表格。

（4）表中的数据必须注明计量单位。

（5）一般情况下，频数分布表要给出合计栏。

（二）统计图

1. 统计图的概念

利用Excel、SPSS等软件将统计数据绘制成条形、圆形、线形等几何形状的图称为统计图。其特点是形象具体，便于展示数据的对比关系。

2. 统计图的结构

（1）图号是图的序号。其位于图的下方，标题的左侧位置，一般按图在文中出现的次序排序。

（2）标题是对图所反映统计内容的文字描述。其字号比图中文字稍大，与图号一起位于图的正下方居中位置，位置紧接图号，并与图号间留一字空。

（3）标目是指在坐标系中所标明的统计项目及其尺度。它分为横标目和纵标目两种，分别表示横坐标、纵坐标的意义，一般需注明单位。

（4）图形是统计图的主要部分，是对要统计对象的直观表达。它可分为条形图、圆形图、线形图、直方图等。

（5）刻度是横轴与纵轴上的坐标。其排列方法与直角坐标系的排法一致：刻度数值按从小到大进行排列，横轴由左至右，纵轴由下至上。

（6）图例：当同一坐标系有两个以上项目时，须选择不同颜色或条纹加以区分，并用图例进行说明。图例可根据需要放在图的下方、右上、右下等位置。

图3-5是某高校教师教学效果评价图，其中图号、标题、标目、刻度和图例等都按一般要求进行了编制，较为规范地体现了对统计图结构的要求。

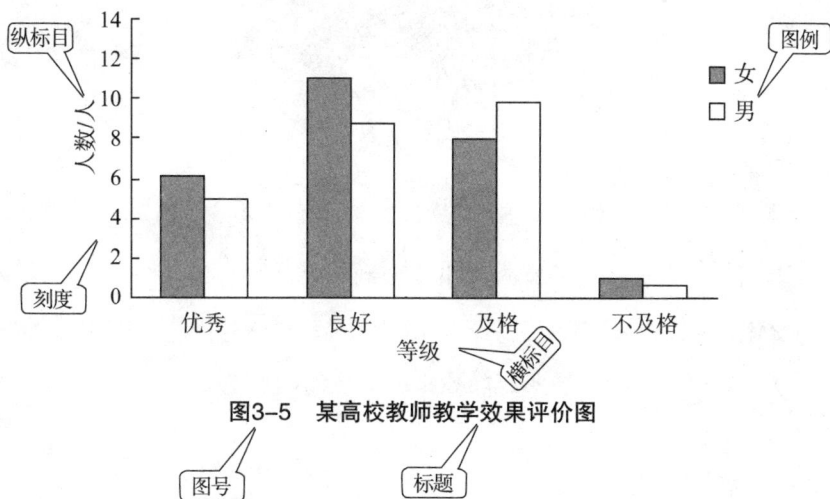

图3-5　某高校教师教学效果评价图

3. 统计图的类型

（1）条形图是以宽度相同、长度不等的条形来表现数据大小和变动情况的统计图。图3-6就是根据某校男生体能测评情况构建的条形图。

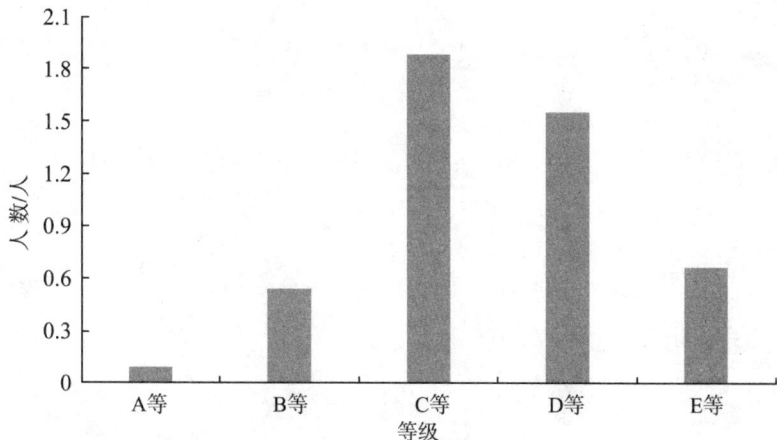

图3-6　某学校男生体能测评等级

（2）圆形图是以圆的面积代表事物的全体，按各部分占全体的比例大小，把圆分为若干扇形来表示各个部分对全体的比例关系的统计图。圆形图又称为饼图或扇形图。图3-7是一个关于某校女生营养度评价的圆形图。

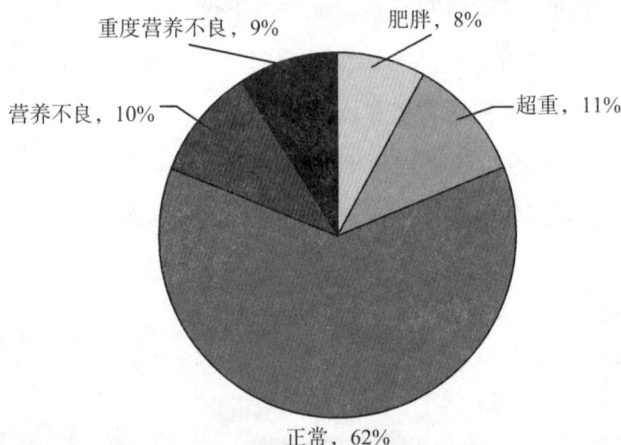

图3-7　某学校女生营养度评价结果

（3）线形图是用线段的升降来表示事物变动趋势的一种统计图，主要用于表示事物随时间的变化趋势、分配情况等。图3-8是基于某市7～18岁男生立定跳远成绩绘制的线形图。该图能较为清晰地表明成绩随年龄变化的趋势。

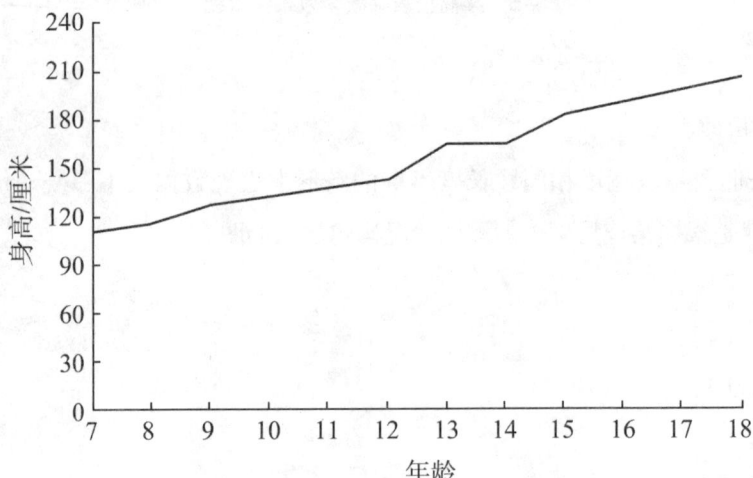

图3-8　某市7～18岁男生立定跳远成绩

（4）直方图是用无间隔的垂直条形来表示连续性变量频数分布的一种统计图。条形的高度代表相应组别的频数（或频率）。图3-9是使用100名15岁男生身高频数数据制作的直方图。

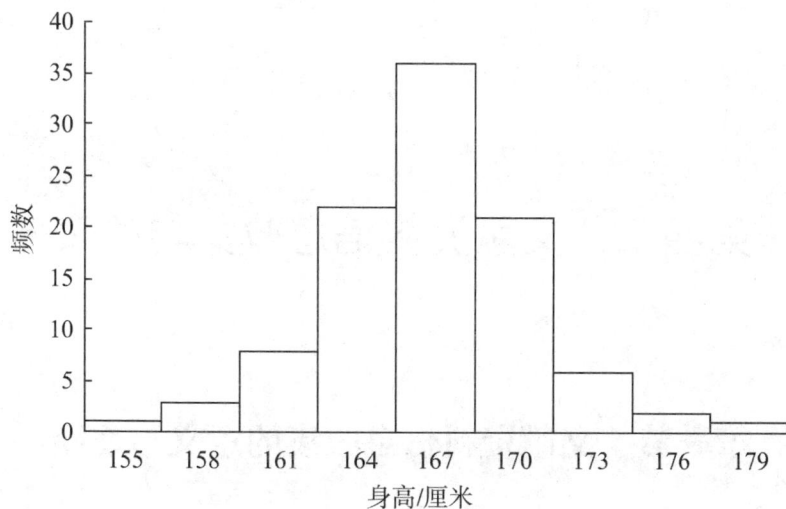

图3-9 100名15岁男生身高频数分布

4.绘制统计图的注意事项

（1）应根据研究主题和数据资料选择合适的图形，不可盲目乱选。

（2）要有标题，且标题要能正确、直观地反映出要表明的主要内容。

（3）要主题突出、简明扼要，使读者一目了然。

（4）坐标轴要有指标名称和计量单位，横、纵两坐标轴长度比例适当。

（5）同一坐标系中有两个以上项目，须用不同颜色或条纹加以区分，并附上图例进行说明。

第四章　文献资料信息收集与检索

第一节　文献资料信息收集的意义与途径

一、材料收集的意义

常言说："巧妇难为无米之炊。"对论文而言，这个"米"就是指论文写作所需要的材料，即素材和文献资料。它是指论文写作而需要检索、搜集的相关事实或理论依据。相关事实包括书籍、期刊、报纸、网页、磁盘、科技报告、技术标准、产品目录、专利说明书、历史档案、产品样本、设计图纸、实物样品以及实验数据等；相关理论依据包括说明上述事实的理论、定义、定理、技术、方法，以及科学的构思与假设等。材料不仅指写入文章之中的事实和理论依据，而且还包括那些虽经搜集、整理，但最后未写入文章之中的事实和理论依据。

材料是一切科学研究的基础，搜集材料、整理材料和使用材料贯穿于毕业论文写作的始终。写作前，材料是确定选题、形成论文观点的基础；写作中，材料又是表现论文观点的支柱和构成论文的"血肉"。没有材料，就不可能产生有价值的学术观点；没有材料，再好的选题也不会产生任何意义。科学的积累、占有和选用材料是毕业论文写作成功的基础，也是提高毕业论文质量的必要条件。

根据美国科学基金委员会、美国凯斯工学院研究基金会调查统计，科研用于各项研究活动的时间如表4-1所示。

表4-1　科研人员各项研究活动时间分配表

	选定课题	情报收集 信息加工	科学思维 科学实验	学术观点的形成 （论文撰写）
人文社会科学	7.7%	52.9%	32.1%	7.3%
自然科学	9.7%	30.2%	52.8%	7.3%

　　日本国家统计局的调查数字大体与之相同。这个时间分配比例不是绝对的，但它可以说明，在科研工作中搜集、整理资料所用的时间占全部科研时间的1/3乃至1/2以上。进行科学研究，总是要在继承已有的成果或知识的基础上，通过吸收、借鉴、创新，有所发明、创造。这里的关键是要建立起大容量、高效率的信息资料库。收集材料时，要体现一个"广"字；选择材料时，要体现一个"精"字。

二、材料收集的途径

　　材料是论文的基础，搜集、占有尽可能多的资料是论文写作的前提。一篇本科毕业论文，没有收集到几十万字的材料，是很难形成自己的论点的。要想占有大量全面的材料，需靠平时的日积月累；同时，要注意收集不同时期、不同观点、不同角度的论著或论文，以防出现偏差、以偏概全。

（一）以选题为导向，广泛阅读

　　撰写毕业论文需要查阅的资料是指作者围绕选题而搜集的准备用在论文中的一系列事实、数据及理论材料，要以论文选题为导向搜集材料。撰写论文所需的资料多以图书、期刊、报告等为载体，通常称之为文献。文献是记录知识的载体，可以是纸制版，也可以是电子版。

　　对于收集到的文献信息材料，特别是文字材料，根据课题研究和论文写作的需要，首先要有计划、有目的地认真阅读，力求掌握其内容的精华。阅读的方法可分为略读、选读和研读三种。

　　略读，也称翻阅、浏览，它是选读和研读的基础。一般只看文献的标题、摘要、关键词、序言、结论等，以此来了解文献的大意。通过略读，一方面可了解材料全貌，确定它有什么参考价值；另一方面，可分清材料的主次、轻重，以便有计划、有成效地阅读材料。

　　选读就是有选择地阅读。选读的方法是根据文献标题、摘要和目录等信息确定阅读的主次顺序。主要的先读，次要的后读，或只选择文献中有用的部分阅读。对于与所掌握的文献重复或无创新内容的，可放弃不读。

　　研读就是对重要的文献的全文或文献的部分章节进行仔细阅读，从研究的角度充分地理解内容，并从中获取自己可用的资料。对一些重要的数据、结论，可加以摘录；必要时，应予以记忆。研读要求对文献的内容理解、吃透。对一时未能读懂、没能充分理解的材料，要反复阅读并辅以其他方法，直至把文献的意思挖掘出来，完全理解。

阅读材料要讲究科学性。最好是先读中文资料，后读外文资料；先读综述性资料，后度专辑性资料；先读近期资料，后读过期的资料；先读摘要，后读全文；先略读，后研读。

（二）正确查阅文献

文献是记录知识的一切载体，是将知识、信息用文字符号、图像、音频、视频等记录在一定的物质载体上的结合体。可见，文献具有三个基本属性，即文献的知识性、记录性和物质性。它具有存贮知识、传递和交流信息的功能。根据文献内容、性质和加工情况，可将文献区分为零次文献、一次文献、二次文献和三次文献等四个等级。

1. 查阅零次文献

零次文献是一种特殊形式的情报信息源，主要包括两个方面的内容：一是形成一次文献以前的知识信息，即未经记录、未形成文字材料，是人们的口头交谈，是直接作用于人的感觉器官的非文献型的情报信息；二是未公开于社会，即未经正式发表的原始文献，或没正式出版的各种资料，如书信、手稿、记录、笔记，也包括一些内部使用、通过公开正式的订购途径所不能获得的书刊资料。零次文献一般是通过口头交谈、参观展览、参加报告会等途径获取。它不仅在内容上有一定的价值，而且能弥补一般公开文献从信息的客观形成到公开传播之间费时甚多的弊病。

2. 查阅一次文献

一次文献是人们直接以自己的生产、科研、社会活动等实践经验为依据生产出来的文献，也常被称为原始文献或一级文献。它常常是以文字、图片形式出现并流通的各种原始文献。一次文献所记载的知识信息比较新颖、具体、详尽，很有利用价值。一次文献可以分为四种类型。

1）报纸、期刊

报纸的内容覆盖面大，信息传递迅速，适应社会各行业部门的需要。在报纸上搜集信息，要注意报纸的权威性。期刊具有较强的专业性指向，如体育类期刊《体育科学》《体育与科学》《中国体育科技》《北京体育大学学报》《上海体育学院学报》等，只要选定数种，持之以恒地查阅，就不难发现需要的信息。

2）图书

图书蕴藏着人类智慧，是作者阐述各种系统观点、传播信息的载体。专著是图书的一种，它是对某学科或某专题进行的研究和总结，具有论述系统、观点鲜明、内容成熟等特点。作为各类经典教材的专著，上述特征尤为明显。搜集信息时要注意阅读方法。

3）政府出版物

政府出版物主要指各级党组织和政府机关的文件、政报、公报及参考资料，如每年各级地方政府的工作报告、《中华人民共和国国务院公报》等即属此类。政府出版物一般都能站在战略的高度发现社会问题，引导社会朝健康的方向发展。查阅此类出版物，无疑是获取信息的捷径。

4）档案资料

对于一些较为清晰的研究目标，查阅文书档案或科技档案是了解问题来龙去脉的可靠途径。由于档案的信息比较分散和繁杂，一般情况下，人们不愿花太多的时间从中寻找信息。

3. 查阅二次文献

二次文献是对一次文献加工整理而成的系统化、条理化的文献资料，它便于读者对文献进行检索和查找。通常，二次文献包括各种索引、书目、文摘以及类似内容的各种数据库等。二次文献能够较为全面、系统地反映某学科专业文献的线索，是检索一次文献的常用工具。如报刊文摘较为全面地汇集了某一领域公开发表的文献，并用选择的手段对原始文献进行间接的评价，保持了学科的统一性和系列性，极大地节省了人们获取信息的时间，人们可用最少的时间从中获取尽可能多的信息，如人民出版社主办的《新华文摘》、中国人民大学书报资料中心的"复印报刊资料"等。

4. 查阅三次文献

三次文献指在二次文献的基础上对一次文献进行分类后，经过加工、整理而成的文献资料。三次文献包括综述研究和参考工具两类。综述研究类如专题述评、动态综述、进展报告等，参考工具类如百科全书、年鉴、手册等。三次文献是从事一次、二次、三次文献编撰人员共同的科学劳动成果，综合性强，具有高度的浓缩性、参考性、深度加工等特点。

从零次文献、一次文献、二次文献到三次文献，是一个由分散到集中、由无序到有序、由博而精的对知识信息进行不同层次的加工的过程。它们所含信息的质和量是不同的，对于改善人们的知识结构所起到的作用也不同。零次文献和一次文献是最基本的信息源，是文献信息检索和利用的主要对象。二次文献是一次文献的集中提炼和有序化，是文献信息检索的工具。三次文献是把分散的零次文献、一次文献、二次文献，按照专题或知识的门类进行综合分析加工而成的成果，是高度浓缩的文献信息。它既是文献信息检索和利用的对象，又可作为检索文献信息的工具。

需要注意的是，文献的分类并不说明文献的价值等级，只是说明文献来源的不同层次。我们查找文献时，需要的是各种文献，而不仅是其中的某一类。

（三）深入进行社会调查研究，注意获取"零次情报"

现成的文字资料是第二手材料，要想获取丰富的第一手材料，必须进行调查、实地考察，这是搜集资料的常用方法。调查研究一要拟定计划。不论是针对大自然的历史和现状的调查，还是对社会现象进行有目的的调查，都要事先拟订调查计划，做到心中有数。二要确定调查方式，如是采用全面调查还是典型调查，采用抽样调查还是追踪调查，等等。三是要明确调查方法，如座谈会、个别访问、问卷调查等。需要注意的是，调查之前一定要明确调查目的，确定调查范围，拟订调查提纲，安排调查日程。目的明确才能计划周全、行事周密，也才能达到预期效果。

另外，不要忽视零次情报中的选题信息。所谓零次情报，是指人们在接触交往的过程中产生、传播和被接受的不具有确定载体的信息。它具有零碎、分散、易被理解、准确度不高等特点。人际交往中的零次情报往往包含对未来有预测性的信息。会议场所、信息市场、技术市场、贸易市场、宾馆、餐厅、影院等公共场合的谈话，不易受到等级、专业、年龄、职位方面等的束缚。人们的畅所欲言中，流动着众多的零次情报。这些包罗万象的议论内容中，也许就有我们所需要的选题。

（四）通过实验，有目的地观察和统计来获取资料

实验要尽可能排除外界的影响，人为地变革、控制研究对象或模拟研究对象，以便对其进行观察和研究。它是检验科学理论的实践基础。实验不仅普遍运用在自然科学领域，也广泛运用于教育学、心理学、语言学等社会科学领域。体育科学是一门集人体学、心理学及人文社会科学于一体的综合性科学，其下的人体解剖学、运动康复学、人体生理学、体育心理学等学科都需要进行大量的实验。学科不同，目的不同，采用的实验方法也各有不同。可以分别采用定性实验、定量实验、析因实验、对照实验、模拟实验等方法，通过观察和统计取得我们所需要的资料。

（五）运用计算机检索，快速、准确地掌握选题相关资料

随着电子计算机的日益普及和通信设备的现代化，因特网（Internet）检索已成为

科技文献信息检索最为方便、快捷的现代化手段。有关计算机检索内容，可见本章第二节的"计算机检索"部分。

第二节 文献检索的方法与运用

一、文献信息检索的含义

文献信息检索是信息检索和文献检索两个概念的统一。文献检索是指依据一定的方法，从已经组织好的大量有关文献集合中查出特定的相关文献的过程。这里的文献集合不是通常所指的文献本身的集合，因此查找出来的文献也只是关于文献的信息或文献的线索。如果要真正获取文献中所记录的信息，那么还要依据检索所获得的文献线索去索取和查阅文献的原文。

信息检索是指依据一定的方法，借助检索工具，从已经组织好的有关大量信息集合中查出特定的相关信息的过程。信息检索依据其检索对象的不同，可分为三种类型。一是文献检索，即所检索到的是关于文献的信息或文献全文。二是事项或事实检索。它是情报检索的一种类型，既包括数值数据检索、算术运算、比较和数学推导，也包括非数值数据（如事实、概念、思想、知识等）的检索、比较、演绎和逻辑推理。三是数据或数值检索。它是根据用户的需求把数据库中存储的数据提取出来。数据检索的结果会生成一个数据表，既可以放回数据库，也可以作为进一步处理的对象。

二、文献检索工具

检索工具是指用来传播、存储和查找文献情报的工具。具体地说，就是指在不同学科范围内对某一阶段出版的有关文献进行收集、整理、报道，并提供检索途径的二次文献。按其著录格式可以分为四种，即目录型检索工具、题录型检索工具、索引型检索工具和文摘型检索工具。

（一）目录型检索工具

目录主要是记录具体出版或收藏单位情况的工具。它以一个完整的出版或收藏单位为著录单元，一般注入文献的名称、著者、文献、出处［含出版单位、卷（期）、出版年月等］。目录的种类很多，对于文献信息检索来说，全国书目（如《全国总书目》）、联合目录（如《2019年全国中文期刊联合目录》）、馆藏目录（如《国家图书馆文献收藏目录》）等尤其重要。

（二）题录型检索工具

题录是以单篇文献为基本著录单位，描述文献外部特征（文献题名、著者姓名、文献出处等），无内容摘要，快速报道文献信息的一类检索工具。它与目录的主要区别是著录的对象不同。目录著录的对象是单位出版物，题录的著录对象是单篇文献。由于题录仅仅著录文献的篇名、著者、文献出处等外在特征，因此具有加工容易、报道量大、出版迅速等特点，是查找最新文献线索的重要工具，如由中华书局出版的《全国新书目》、科技文献出版社出版的《中文科技馆藏目录》等。

（三）索引型检索工具

索引是根据一定的需要，把特定范围内的某些重要文献中的有关条目或知识单元，如书名、刊名、人名、地名、语词等，按照一定的方法编排，并指明出处，为读者提供文献线索的一种检索工具。索引的类型是多种多样的，在检索工具中，常用的索引类型有分类索引、主题索引、关键词索引、著者索引等。

1. 分类索引

分类索引是以表示文献内容特征的分类号码作为检索标识，按照特定分类法的类目体系进行编排的一种索引。不同的检索工具可能采用不同的分类法来组织分类索引。

2. 主题索引

主题索引是将文献中具有实质性意义的语词，或能揭示文献主体概念的语词抽出来，除关键词外，一律要经过规定化处理，然后再按字顺排列起来组成标识系统，或在各个主题词的下面给出副标题、文摘和文献出处，或在各主题词的下面给出篇名性的说明语或关键词的说明语，然后在说明语的后面列出文献号而编制的索引。

3. 关键词索引

关键词索引是指以文献的标题或摘要中能表征文献主题内容的具有实质意义的

词语作为索引标目，并按字顺排列的索引。关键词来源于文献的题目或摘要，没有词表，也未规范化，故又称非规范化主题词。此类索引分为题内关键词索引、题外关键词索引、双重关键词索引、单纯关键词索引、增补关键词索引、词对式关键词索引、简单关键词索引。其优点是选词容易，编制较快；缺点是比较分散，同一主题的文献资料可能被编排在不同的关键词下。

4. 著者索引

著者索引是以文献中著者的姓名作为检索标识，并按其字顺编排的一种索引，主要包括个人著者索引、团体著者索引、专利发明人索引及专利权人索引等，如上海图书馆编辑出版的《全国报刊索引》、中国科技情报所编印的《专利专题索引》等。

（四）文摘型检索工具

文摘是原始文献的浓缩，是系统报道、积累和检索文献的重要工具，是二次文献的核心。与索引相比，文摘除了含有索引的外部特征以外，还具有内容摘要。文摘型检索工具是以简练的文字，将文献的主要内容准确、扼要地摘录下来，并按照一定的著录规则和编排方式，系统地组织起来的检索性工具书，如国家体育总局情报所编撰的《体育科学文摘》、中国科技情报所编印的《管理科学文摘》等。

三、文献检索的一般步骤

文献资料纷繁复杂，应遵循一定的查找步骤才能做到事半功倍，否则会感到千头万绪，无从下手。文献检索遵循的一般步骤如下。

（一）分析研究主题

此阶段需要分析论文的主题，弄清要检索的关键问题，确定检索的学科范围、文献类型范围、时间范围等。

（二）选择检索系统

中外文检索工具和数据库非常多，选择合适的检索系统，能帮助我们提高检索效率，如查找学术期刊论文最常用的中文检索网站是中国知网。

（三）选择检索策略

在了解了文献检索系统的基本性能和操作方法后，进一步明确文献检索的内容要求和检索目的，制定恰当的检索策略，进行文献查阅。

（四）筛选检索结果

文献检索的结果可能很多，不一定都符合我们的需要，要进一步对检索结果进行分析和筛选，缩小文献范围，甄别高质量、高相关度的文献，列出拟获取文献的目录。

（五）获取原始文献

通过图书馆或在线数据库等方式可以有偿或无偿获取文献原文。

面对海量文献，尽管明晰了查找文献的一般步骤，但是要真正找到足量对自己研究有用的文献，还是需要不断实践来积累经验。查找文献不能盲目求多，也不能一叶障目，要学会去伪存真、去粗取精。另外，要注意文献发表的时间问题。一般选用新近的文献，因为学术论文写作必须反映最新的科学进展或学术成果，以及最新的观点、理论、方法。

四、选择高质量文献的一般准则

通常，符合下面条件的文献质量较高。

（一）领域内权威专家撰写的文章

领域内权威专家的研究通常具有极强的前瞻性和引领性，他们的观点通常引人关注，其文献的引用率也很高。此外，高等院校或研究机构中的科研人员撰写的文献，以及新闻界、商业领域人士撰写的文献，往往也准确、客观、可靠。

（二）核心期刊中的文章

就国内来说，中文社会科学引文索引（CSSCI）来源期刊、中文核心期刊要目总览来源期刊、中国科学评价研究中心（RCCSE）核心学术期刊都是质量较高的刊物，其中刊载的文章自然整体水平也较高。

（三）知名出版社出版的图书

对于书籍类文献来说，有名望或专业化程度高的出版社图书整体质量较高，如人民出版社、科学出版社、中国社会科学出版社、中华书局、商务印书馆、人民教育出版社、高等教育出版社等都是比较权威的出版单位。

（四）被引用率高的文献

反复被他人引用的文献质量相对较高，学术价值较大。一般国内论文被下载和引用情况，在中国知网上都可以查询。

（五）官方来源的文献

官方来源的文献比其他来自民间机构、个人的文章质量高。这是因为官方文献一般都有严格的审查、发布程序，并有明确的撰写人、负责人。

（六）被"复印报刊资料"全文转载的论文

中国人民大学书报资料中心通过精选全国各报刊上所发表的人文社会科学论文全文，定期按类编辑出版"复印报刊资料"。被"复印报刊资料"全文转载的论文被公认为质量较高。

五、文献检索的方法

现代检索科技文献资料的方法有两种，即手工检索和计算机检索。前者主要是指依靠印刷检索工具（如目录、卡片、工具书）来检索文献，后者则是指利用电子计算机来检索文献。这两种检索各自有着不同的特点。手工检索是靠人的手翻眼看，主动灵活，可以边查边思考；但检索较费时，而且很难检全。计算机检索具有速度快、检索功能完善、输出检索结果方式灵活等特点。从实际的检索过程看，手工检索在计算机检索中也有着重要作用，如上机前分析课题内容、选择数据库、选定检索词、制定检索策略和检索后筛选二次文献、索取一次文献等都需要手工检索来完成。因此，这两种检索相辅相成，缺少任何一种都难以很好地利用文献。

（一）手工检索

手工检索即直接进行检索的人工方法，主要包括三种检索方法，即追溯法、延伸法、综合法。

1. 追溯法

追溯法，即以文献后面所附的参考文献为基础，逐一追踪检索。用这种方法不需使用检索工具，方向准确，比较省力，但不易查全。撰写毕业论文时，应用追溯法是一种捷径。

2. 延伸法

延伸法，即利用检索工具检索文献资料的常规方法，是依据事物之间的联系做合理延伸的方法。用这种方法可以较全面地检索到所需文献，效果令人满意。特别是当论文论述一个他人尚未问津的问题、现象及其规律时，必须使用延伸法来查找资料。

3. 综合法

综合法是追溯法和延伸法交替使用的检索方法，是一个稳妥可靠的方法。它会使搜集到的资料具有深度和广度，对学生毕业论文写作非常必要。

（二）计算机检索

计算机检索又称电脑检索，它是以电子计算机为工具的科技文献信息检索。计算机检索可分为因特网检索和光盘检索。

1. 因特网检索

在因特网世界里，信息的获取是通过对网上主机的访问来实现的。为了避免在这个信息海洋里大海捞针，人们开发出有效的工具——搜索引擎。搜索引擎是一种导航工具，用于快速查询我们需要的信息内容，能指引我们找到想要的东西。每个搜索引擎都有其查询方法，只有熟练地掌握它，才能运用自如。但有一些通用的查询方法是各个搜索引擎基本上都具备的。充分掌握这些必要的搜索技巧，即可快捷地获得最佳的查询结果。

目前世界上已拥有100多个联机检索系统，其中，国外比较著名的有美国洛克希德公司的DIALOG系统，这也是目前世界上最大的联机检索系统。它拥有自然科学和社会科学方面的数据库数十个，存储文献数量占世界机存文献总量的50%以上。国内系统配置较高、信息量较多的科技信息联机检索系统，有国家科技图书文献中心信息检索系统（http://www.nstl.cn）、中国科学院文献情报中心 / 中国科学院知识平台信息检索系统（http://www.las.ac.cn）等，它们均有几十个数据库的存储量。目前，比较常用的因特网检索方式为数据库文献检索和互联网搜索引擎文献检索。

1）数据库文献检索

（1）图书数据库。传统图书馆的在线目录和书籍搜索功能使书籍的查找变得十分便捷，但是对于广大校外学生来说，去大学图书馆或公共图书馆并不方便。数字图书馆让我们足不出户就可以博览群书，但大部分数字图书数据库是需要付费才能使用的。

成立于1993年的北京超星公司目前拥用全国最大的图书数字化加工中心。该公司于2000年建成世界最大的中文数字图书馆，同年5月超星数字图书馆被列为国家"863计划"和中国数字图书馆示范工程。超星数字图书馆目前藏书量达到215万种，并且每年以10万种左右的速度递增。其图书涵盖各学科领域，同时不定期补充更新。其网站提供图书检索功能，而且提供大量免费在线书籍。超星电子图书都可以在IE等浏览器中直接阅读或使用超星阅读器浏览。超星读书网址为http://book.chaoxing.com。

大学数字图书馆国际合作计划（China Academic Digital Associative Library，简称CADAL），是由中、美两国计算机科学家倡导建设的。CADAL网站收录的中文图书包括珍贵古籍、民国时期出版的图书、现代学术著作、博士硕士学位论文及其他特色文献资源，英文图书则包括美国大学图书馆核心馆藏、技术报告等进入公共领域的图书资料。数字图书馆对全体互联网用户开放。用户进入该网站服务平台后，可以享受到全方位、个性化的文献检索浏览、电子资源导航、个性化定制等服务。大学数字图书馆国际合作计划的网址为https://cadal.edu.cn/index/home。

（2）电子期刊数据库。电子期刊数据库以收录学术期刊论文为主，是研究者必不可少的检索工具。目前，国内比较著名的有中国知网、维普和万方等。

中国知网即中国国家知识基础设施（China National Knowledge Infrastructure，CNKI），于1999年6月由清华大学和清华同方发起，是以实现全社会知识资源传播共享与增值利用为目标，在教育部、中共中央宣传部、科学技术部、国家新闻出版广电总局、国家计委的大力支持下创建的知识信息化建设项目。中国知网采用自主开发并具有国际领先水平的数字图书馆技术，建成了世界上全文信息量规模最大的"CNKI数字图书馆"，并正式启动建设《中国知识资源总库》及CNKI网络资源共享平台，通过产业化运作，为全社会知识资源高效共享提供最丰富的知识信息资源和最有效的知识传播与数字化学习平台。其服务内容主要包括知识资源总库、数字出版平台、文献数据评价和知识检索。目前，中国知网旗下的中国学术期刊网络出版总库是国内高校使用最广、涵盖学术期刊最多的数据库，已经成为国内学者学术研究文献检索的首选工具。中国知网网址为https://www.cnki.net。

维普网建立于2000年，原名"维普资讯网"，是重庆维普资讯有限公司所建立的网站，目前已经成为中国最大的综合文献数据库。其所依赖的《中文科技期刊数据库》，是中国最大的数字期刊数据库，是我国网络数字图书馆建设的核心资源之一，广泛被我国高等院校、公共图书馆、科研机构所采用，是高校图书馆文献保障系统的重要组成部分，也是科研工作者进行科技查证和科技查新的必备数据库。维普网址为http://www.cqvip.com。

万方数据知识服务平台的内容涉及自然科学和人文社会科学各个专业领域，集成期刊、学位、会议、科技报告、专利、标准、科技成果、法规、地方志、视频等10余种知识资源类型。其期刊资源包括国内期刊资源和国外期刊资源，目前共收录学术论文1亿3 000万余条 。国内期刊资源收录自1998年以来国内出版的各类学术期刊8 000余种（其中核心期刊3 300余种），年增学术论文300万篇，每周更新2次。国外期刊资源收录40 000余种世界各国出版的重要学术期刊。万方数据知识服务平台网址为http://www.wanfangdata.com.cn。

复印报刊资料全文数据库是"复印报刊资料"的电子版，是全国各报刊上发所发表的人文社会科学论文中的精华。该数据库包括1978年以来中国人民大学书报资料中心精心编选的"复印报刊资料"（纸制版）的全部全文资料。内容分为政治学与社会学类、法律类、哲学类、经济学与经济管理类、文学与艺术类、教育类、历史类、文化信息传播类和其他类。"复印报刊资料"全文数据库网址为http://ipub.exuezhe.com/qw.html。

国家哲学社会科学学术期刊数据库简称国家期刊库（NSSD），是由全国哲学社会科学规划领导小组批准建设，中国社会科学院承建的国家级、开放型、公益性哲学社会科学信息平台，具体责任单位为中国社会科学院图书馆（调查与数据信息中心）。它作为国家社会科学基金特别委托项目于2012年3月正式启动，系统平台于2013年7月16日上线开通。国家期刊库以"公益、开放、协调、权威"为定位，旨在建设成为我国最大的公益性社会科学精品期刊数据库、最大的社会科学开放获取平台，实现学术资源的开放共享，为学术研究提供有力的基础条件，促进学术成果的社会传播。该数据库面向哲学社会科学研究内容丰富，操作简便，但目前仅部分论文可以免费下载或在线阅读，只要注册就可以直接使用。国家哲学社会科学学术期刊数据库网址为http://www.nssd.cn。

2）互联网搜索引擎文献检索

为了帮助用户及时准确地找到所需网站和信息，Internet有许多提供信息查询、搜索的网站，这些网站被称作搜索引擎。这些搜索引擎使用便利，对于论文写作过程中的资料收集很有帮助。常用的搜索引擎有百度（http://www.baidu.com）、搜狗（http://www.sogou.com）等。

2. 光盘检索

光盘（CD-ROM）检索是计算机检索的又一种形式，它是指利用计算机设备对只读式光盘数据库进行检索，是一种高密度的信息载体。由于光盘系统是面向电子计算机的，这将给信息资料的处理、传播和利用带来极大的方便。目前光盘资料的种类超过1 300种，我国已有数百家图书信息部门和高校图书馆订购和使用了国外光盘数据库系统。各高校图书馆充分认识到光盘检索这一有利的信息服务形式，投资购买了大量的光盘数据库，越来越多的人喜欢上这种快捷的检索工具。光盘数据库和联机数据库的一个较大区别在于，光盘是一种真正的最终用户数据库，它是一种独立的计算机系统，在检索过程中不涉及远程通信网络，因而其操作相对简单。光盘是一种非限制性检索工具，允许用户自己进行检索。

第五章　毕业论文研究方法

第一节　毕业论文研究方法概述

一、研究方法的内涵

研究方法指在研究中发现新现象、新事物，或提出新理论、新观点，解释事物内在规律的工具和手段。它是人们在长期的科学研究中不断总结、不断提炼形成的。对于研究人员来说，它是开展研究项目的总体途径，是有目的地对各种社会现象和社会行为进行研究的方式和手段，主要包括调查研究法、实地研究法、文献研究法等众多方法。对于本科生来说，经常用到的研究方法有问卷法、观察法、访谈法、个案研究法、行动研究法、实验研究法、叙事研究法等。

科学的研究方法必须具有系统化、程序化的步骤。一般包括选题与假设的建立，数据、资料的收集，数据资料的分析，结论的形成。此外，科学的研究方法还必须具有客观性，要进行科学研究，形成可靠结论，就必须对数据资料进行广泛的采集，因为对事物内在本质和运动规律的认识，总是建立在大量客观事实基础之上的。

二、研究方法的分类

尽管存在各种各样的研究方法，但一般可以将其归纳为两种：量的研究和质的研究。

量的研究，即定量研究，是对事物可以量化的部分进行测量和分析，以检验研究者自身有关理论假设的一种研究方法。量的研究有一套完备的操作技术，包括抽样方法（如随机抽样法、分层抽样法、系统抽样法、整群抽样法）、资料收集方法（如问卷法、实验法）、数字统计方法（如描述性统计法、推断性统计法）等。正是通过这种测量、计算和分析，来达到对事物本质的把握。

质的研究，即定性研究，是学术界最近几年出现的新研究方法。它是在自然环境下研究者与被研究者直接接触，通过面对面的交往，实地考察被研究者的日常生活状态和过程，了解被研究者所处的环境及环境对其产生的影响，其目的是从被研究者的角度来了解他们的行为及其意义。质的研究要求研究者对自己的"假设"和"偏见"进行反省，并随着实际情况的变化，不断调整自己的研究设计。因此，定性研究的结果只适用于特定的情境和条件，不能推广到样本之外。应该指出的是，研究者必须事先征求被研究者的同意，对他们所提供的信息严格保密，与他们保持良好的关系，并合理回报他们所给予的帮助。

量的研究与质的研究各有优势和不足，两者不是相互排斥的，而是相互补充的。一项研究往往既有量的研究，又有质的研究，是多种研究方法的综合运用的结果。

表5-1对量的研究和质的研究进行了比较。

表5-1　量的研究与质的研究比较

	量的研究	质的研究
方法论	逻辑实证主义：客观世界的存在是不变的，社会世界是有规律的；当所有的主观性从世界抽离后，真实世界方存在	现象学的解释主义：社会世界是人为建构的，且持续经由社会互动而为新的一代所重新建构；所有的社会行为，均是有意图的
研究目的	证实普通情况，预测，寻求共识	解释性理解，寻求复杂性，提出新问题
研究方法	自然科学的研究模式，如实验法、问卷调查法等	人文与诠释取向，如田野工作、参与及观察、访谈、文本分析、个案研究、叙事法等。
研究结论	具有概括性、普适性，可以重复，可以推广到抽样的总体	具有独特性、地域性，不可重复，可以认同推广、理论推广、积累推广

三、研究方法的选择

同一个研究问题，可以采用不同的研究方法开展多样化的研究。但是在具体的研究中，由于研究者个人能力、客观条件等方面的差异，会采用不同的研究方法，可能在难度和可行性上存在差异。因此，在进行研究的时候，应该根据自身情况和研究目标慎重选择研究方法。

（一）影响研究方法选择的因素

研究者在选择适当的研究方法时会受到各种主客观因素的影响，以下几点应重点考虑。

1. 研究问题

研究问题是我们选择研究方法时要考虑的首个重要因素。一般来说，不同学科的研究问题倾向于采用不同的研究方法，如自然科学最多使用的是观察法和实验法，而社会科学多用访谈法、问卷法和个案法。在同一学科中，研究问题性质不同，采用的方法也存在差异。

2. 研究进度

选择合适的研究方法，还必须考虑研究进度，综合运用多种方法。一般来说，在选题阶段，可以通过观察法、文献法、历史研究法来获取选题相关数据，对论文的研究价值进行论证；在研究的准备阶段，需要占有大量的实验材料，因此问卷调查、实地访谈等调查法用得最多；在研究实施阶段，除了文献法和调查法，实验法也是常用的方法；而到了研究结论的推出阶段，由于研究方法已经确定，研究的目的是得出自己的结论或论证自己的观点，更多采用的是数学统计、逻辑推理等方法。

3. 个人经历

方法的选择，往往还取决于研究者的教育经历和个性特征。如果研究者在统计学及计算机方面接受过长期训练，那么采用数学方法对数据进行量的处理，可能比较得心应手；如果研究者对文字材料有较强的驾驭能力，那么开放式访谈和文本分析等方式可能更加合适。优先选择自己已经学过或者使用过的研究方法，可以减少研究过程中对研究方法不熟悉而造成的不便。个性也对研究方法的选择有一定影响。例如个性比较外向的学生，采用调查法可能比较游刃有余；但是个性内向的学生可能会倾向于采用文献法、实验法等。

（二）研究方法的有效性

有效性是评价任意一种研究方法的重要标准。这种有效性有两层基本含义：其一，是指某一研究方法不只适用于某个单一领域，在其他领域中也能发挥其功能，能够结合其他研究领域的情况进行具体运用；其二，是指研究者应该善于选择对自己所研究课题有效的研究方法，并具备与之相适应的知识与技巧。

为保证研究方法的有效性，研究者应具备以下五种主要知识和技巧。

（1）选择适当的定性或定量分析工具进行行为、价值和规范研究。

（2）利用多种研究方法。

（3）科学对待研究工作中的各种约束条件，如价值观、时间、资源、知识水平、工具和技术等。

（4）理解理论和实践之间的区别，同时又能将其结合起来应用于研究中。

（5）了解研究过程中需要的隐含知识背景。

第二节　量的研究

一、量的研究的概念和特征

（一）量的研究的概念

量的研究通常也被称为实证研究。实证研究认为，"存在一个客观的世界"，而研究者的使命就是不断通过研究（测量、计算、分析等），去发现并无限接近这个客观的世界。事实上，实证研究具有狭义和广义之分。狭义的实证研究是指利用数量分析技术分析和确定有关因素间相互作用方式和数量关系的研究方法，是严格意义上的"量的研究"；而广义的实证研究是以实践为研究起点，认为经验是科学的基础，强调要重视第一手资料，因此调查、访谈、个案等研究方法都可纳入其中。

（二）量的研究的特征

量的研究具有一系列共同的特征，概括如下。

（1）量的研究离不开对数据的采集、分析、加工，用数据说话是其基本思想精髓。

（2）量的研究有一套相对完备且以被研究者所共识的研究技术，如抽样方法、统计方法等。

（3）量的研究是一种静态研究，它将研究对象可以量化的部分在某一时间范围内固定起来后进行数量上的计算。

（4）量的研究通常预先形成假设，然后通过分析数据来验证假设的真伪。

（5）量的研究追求真理的普遍性和实验的可重复性，它通常与具体情景相分离，转而关注宏观的意义，并可对未来进行预测。

二、常用的量的研究方法

（一）问卷调查法

问卷指的是一份事先拟好、由受访者作答的问题列表。问卷调查法是根据研究的目的和要求制定问卷，向被调查者了解情况、征询意见和建议的一种手段。该方法特别适用于对现状的调查。

1. 问卷组成

一份完整的问卷，包括标题、前言、指导语、个人特征资料、问题等部分。

1）标题

标题是问卷调查目的内容的高度概括。它是整份问卷设计的总目的，是设计问卷的主要依据，也是衡量问卷效度的一个重要标准。虽然问卷的目的是非常明确的，但是在设计标题的时候，我们要尽量避免使用一些敏感字词。如在调查学生生活方式时，有时需要测量学生"网络成瘾"的情况，这时问卷标题中最好不要用"网络成瘾"这样的字眼，以避免对受访者产生暗示。使用"学生网络使用情况调查问卷"作为标题就比较好。

2）前言

前言是问卷的开头及开场白，是对调查的目的、意义及有关事项的说明，应简明扼要并努力消除受访者的思想顾虑。问卷前言的编写，一定要站在被调查者的立场，而不能是研究者的自说自话。好的前言能够引导填写问卷的人认真完成调查。例如，一项关于小学体育教师工作倦怠感的问卷，其前言部分是这样设计的：

尊敬的老师：

　　您好！首先非常感谢您在百忙之中能抽空填写此问卷。这是一份关于小学体育教师工作情况的调查问卷。请您根据自己的实际情况逐项填写，答案并无对错之分，问卷不记名，调查结果仅供研究使用，诚请放心填写。

　　谢谢您的大力支持与合作！

　　敬祝身体健康，工作愉快！

3）指导语

指导语是用来指导被调查者填写问卷的各种解释和说明。其作用是指导被调查者按问卷设计要求去填写，以免出现填写错误，造成大量无效问卷。有些问卷的填答方法比较简单，可以在前言中附带一两句说明即可，不单独作为一部分。有些问卷的指导语较长，一般集中在前言之后，问卷主体之前，并标有"填表说明"的标题。

指导语示例：

下列各题，您认为对的，在后面"是"字上画"○"；认为不对的，在后面"否"字上画"○"。

4）个人特征资料

个人特征资料往往作为研究中的自变量被使用。例如，我们研究不同受教育程度的人接触职业培训的情况，教育程度便要在问卷的个人特征资料中出现。

示例：

① 性别：A. 女　　　　　　　　B. 男

② 年龄：A. 25岁以上　　　　　B. 25～35岁　　　　　C. 36～45岁

　　　　　D. 46～55岁　　　　　E. 55岁以上

③ 学历：A. 专科以下　　　　　B. 大专　　　　　　　C. 本科

　　　　　D. 硕士研究生　　　　E. 博士研究生

个人特征资料的设置必须是有目的，而非盲目的，即问题对后续数据分类统计、分析有意义，尤其是诸如婚否、年龄这样的问题，可能会引起被调查者的反感，要慎之又慎。

5）问题

（1）事实性问题。事实性问题主要是为了了解客观存在或者已经发生过的行为事实。这是问卷研究中使用最多的一类问题。

示例：

① 你所在的学校是否具备上游泳课的条件？

A. 有　　　　　　　　　B. 没有

② 你每周参加体育运动的时长是

A. 小于1小时　　　　　B. 1～2小时

C. 2～3小时　　　　　　D. 3小时以上

（2）态度性问题。态度性问题用于了解被调查者对某些行为的态度评判，而不是了解其行为本身。满意度问卷就是典型的以态度性问题为主的调查问卷。

示例：

① 你是否认同适度体育锻炼有利于身体健康？

A. 非常同意　　　　B. 同意　　　　C. 不一定

D. 不同意　　　　　E. 非常不同意

② 你对当前学校组织的课外体育活动是否满意？

A. 非常满意　　　　B. 满意　　　　　C. 一般

D. 不满意　　　　　E. 非常不满意

（3）开放性问题。开放性问题通常列于问卷的最后，目的是弥补选择性题目的封闭性不足，进一步广泛听取被调查人对调查特定问题的意见和建议、收集相关情况等。

示例：

你对提升小学体育教师的科研水平还有哪些建议？

_____

_____

另外，要注意问卷得题目不宜设计过多。面对太长的问卷，被调查者很容易失去耐心。通常问卷应该控制在2页纸内。

2. 问卷调查法的实施

1）确定受访者

开展问卷调查首先要明确计划发放问卷的数量和对象。

要确定受访者数量，我们应该考虑两个因素：一个是问卷的回收率，一个是问卷的有效率。

问卷的回收率指的是问卷发出后，能够被填写并收回的比率，即

$$问卷回收率 = 实际回收的问卷数/发出的问卷总数 \tag{5-1}$$

问卷有效率指的是回收的问卷中，去除无效问卷（即未作答或者不按要求填答的问卷）后，剩下的可用的问卷与实际回收问卷的比率，即

$$问卷有效率 = （实际回收的问卷总数 - 无效问卷数）/实际回收的问卷总数 \tag{5-2}$$

由于回收率和有效率一般都难以达到100%，因此，确定的受访者数量应该多于拟抽样的研究对象数量。

2）抽样

抽样就是从总体中抽取样本的过程。在绝大多数时候，研究范围无法覆盖研究总体，因此需要采用抽样的办法。从总体中挑选部分作为总体的代表，以便通过对局部的研究获得可靠资料，并推论总体的情况。常用的抽样方法有随机抽样、系统抽样、分层抽样等。

（1）随机抽样。随机抽样适用于个体总数较少的抽样。设总体个数为N，如果通过逐个抽取的方法抽取样本，且每次抽取时每个个体被抽到的概率相等，这样的抽样方法就是随机抽样或简单随机抽样。

（2）系统抽样。当总体中的个体数量比较多的时候，可以先把总体按照一定的顺序编号，然后按照预先设定的规则，从每一部分中抽取一些个体得到所需要的样本，这样的抽样方法叫作系统抽样。例如，从120个人中抽取10人，那么可以把120人按照$1 \sim 120$进行编号，然后确定间隔$K = 120/10 = 12$，起点为$R = （K+2）/2 = 7$，即从7号开始，每隔12个号码抽一个样本。因此，所取样本为7、19、31、43、55、67、79、91、103、115。

（3）分层抽样。当总体由差异明显的几部分组成时，适合采用分组抽样。将总体分成互不交叉的层，然后按照一定的比例，从各层中独立地抽取一定数量的个体得到所需样本，这样的抽样方法为分层抽样。例如，从总体120人中抽取30人，刚好这120人中男性80人，女性40人，现在要抽取25%作为样本，可以按照男女比例进行分层抽样。

3）分发问卷

问卷的分发和回收有很多种方式，其中最常用的是投递式、专门递送式和集中填答式。投递式，指的是研究者通过邮局或快递网点向被选定的调查对象寄发问卷，并要求被调查者在规定的时间内填写问卷，并寄回给研究者的方式。专门递送式是研究者派专人将问卷送给调查对象，等被调查对象填完后，再派专人回收的方式。集中填答式是研究者亲自到被调查者所在地，将调查对象集中起来，由研究者向调查对象说明调查目的和填写要求，调查对象即时填写后，由研究者当场回收问卷的方式。三种问卷分发方式的优缺点比较如表5-2所示。

表5-2　三种问卷分发方式的优缺点比较

特点	方式		
	投递式	专门递送式	集中填答式
调查对象	有一定的控制和选择	可控制选择，但过于集中	可控制选择，且更加集中
调查范围	较宽	较窄	较窄
影响回答因素	难以了解控制和判断	易受互相询问的影响	易受研究者的影响
回收率	30% ~ 60%	约90%	100%
有效率	一般	较高	很高
回收时间	较长	较短	很短
费用	较高	较低	高

4）问卷的回收与审查

问卷回收后必须进行认真的审查，剔除回答不完整、不按要求作答的问卷，不将此类问卷列入数据整理加工范围，以防影响研究的可靠性和准确性。

除了上面介绍的问卷发放方式，通过网络发放问卷日趋流行。基于网络的在线问卷调查具有发放简单、统计方便、费用低等诸多优点。

小资料

问卷星

问卷星是一个专业的在线问卷调查、测评、投票平台，专注于为用户提供功能强大、人性化的在线设计问卷、采集数据、自定义报表、调查结果分析系列服务。与传统调查方式和其他调查网站或调查系统相比，问卷星具有快捷、易用、低成本的明显优势，已经被大量企业和个人广泛使用，典型应用如下。

（1）企业：客户满意度调查、市场调查、员工满意度调查、企业内训、需求登记、人才测评、培训管理等。

（2）高校：学术调研、社会调查、在线报名、在线投票、信息采集、在线考试等。

（3）个人：讨论投票、公益调查、博客调查、趣味测试等。

问卷星使用流程分为下面几个步骤。

（1）在线设计问卷。问卷星提供了所见即所得的设计问卷界面，支持多种题型以及信息栏和分页栏，并可以给选项设置分数（可用于量表题或者测试问卷），可以设置跳转逻辑，同时还提供了数十种专业问卷模板供选择。

（2）发布问卷并设置属性。问卷设计好后，可以直接发布并设置相关属性，例如问卷分类、说明、公开级别、访问密码等。

（3）发送问卷。通过发送邀请电子邮件，或者用Flash等方式嵌入网站，或者通过QQ、微博、电子邮件等方式将问卷链接发给好友填写。

（4）查看调查结果。可以通过柱状统计图和饼状统计图查看统计，可以卡片式查看答卷详情，能分析答卷来源的时间段、地区和网站。

（5）创建自定义报表。自定义报表中可以设置一系列筛选条件，不仅可以根据答案来做交叉分析和分类统计（例如统计年龄在20~30岁的女性受访者的数据），还可以根据填写问卷所用时间、来源地区和网站等筛选出符合条件的答卷集合。

（6）下载调查数据。调查完成后，可以下载统计图表到Word文件保存、打印；或者下载原始数据到Excel，导入SPSS等分析软件，做进一步的分析。

3. 问卷调查法的优劣

问卷调查法是科学研究广为采用的研究方法之一。概括而言，其优势和不足分别如下。

1）优势

（1）实施操作简单。无论是编写问卷还是发放文件，都不是很难的事情，刚刚入门的研究者也可以轻松操作。随着网络技术的发展，通过网络直接编写、发放问卷更加容易。

（2）数据处理方便。问卷回收后即可获得大量的数据。由于问卷通常以客观题的方式呈现，数据的处理方式相对简单，使用Excel等简单的办公软件即可轻松完成对问卷数据的统计。

（3）调查成本低廉。传统问卷调查的成本主要包括印刷费、发放与回收的邮递费等。随着网络技术在科学研究中的普遍应用，问卷通过Web页面或电子邮件即可发送给调查对象，成本进一步被压缩。

（4）获取信息真实。问卷调查法通常采用匿名方式填写，且填写者一般在研究者不在场的环境下完成。因此，被调查者的顾虑较少，填写内容的真实性较高。此外，通过问卷题目设计，还可以甄别填写者是否如实作答，进一步提高了问卷的效度。

（5）研究效率较高。通过问卷调查法，在较短的时间内就可以完成对几十人、几百人，甚至上千人的调查，从而实现在较大范围内获取大样本数据。

2）不足

尽管问卷调查具有很多先天优势，非常适合初学者使用，但它也有一些不足，主要包括以下几点。

（1）高质量的问卷设计难度大。问卷设计的门槛低，但是高质量、专业化的问卷设计需要具备更多专业的研究方法知识。

（2）问卷填写不易控制。由于问卷是匿名填写，所以被调查者的主观性非常强，经常会出现随便乱填、敷衍了事的情况，给后期统计分析带来不少麻烦。

（3）问卷调查缺乏互动。由于问卷是事先设计好的格式化调查，且以选择题为主，填写者不能随意改动选项，调查难以灵活深入。

（二）实验研究法

实验研究是指研究者根据研究目的，运用一定的手段主动干预或控制研究对象，在典型的环境中或特定的条件下进行的一种研究活动。实验研究主要由实验者、实验对象和实验手段三部分组成。

1. 实验研究法相关概念

要了解实验研究法，首先要弄清以下几个概念。

1）常量

常量是在研究过程中不变的条件，常指研究中所有个体都具有的条件和特征。例如：在比较两种不同教学方法对五年级学生学习效果的影响研究中，年级水平就是一个常量，因为五年级这一特征对每个个体都是相同的。

2）变量

变量有很多种，主要包括自变量、因变量、干扰变量。

（1）自变量，也称实验变量，指由实验者设计安排的、人为操纵控制的、有计划的、变化的实验情景或条件变量。

（2）因变量，也称反应变量，其随着自变量变化而变化，是实验者需要观察、测量、计算的变化因素。

（3）干扰变量是指除了自变量之外的一些影响因变量的干扰因素。它使实验者无法对所得结果做出正确的判断和解释，是实验研究中应尽量排除的因素。

3）假设

假设即研究假设，是根据一定的观察事实和科学知识，对研究的问题提出假定性的看法和说明。通常假设由实验的常量、自变量与因变量组成。例如，在五年级中（常量），使用讲授法（自变量）比使用案例教学法（自变量），更能提高学生成绩（因变量）。

2. 实验研究法的基本模式

实验研究法的基本操作模式有单组实验、等组实验和轮组实验三种。

1）单组实验

单组实验指同一个实验变量只对同一个（或组）实验对象施加作用，然后测定对象产生的变化，以确定实验变量的效果如何。

单组实验通常采用前测与后测比较的方法来研究实验因素的效果。即在进行实验前先对实验对象进行测量（前测），在进行实验后再进行一次测量（后测），对比前后测量，得出研究结论。例如，我们想分析经过主题讨论后，学生对某一事物的态度变化，那么我们应该先对学生的态度进行测量，然后进行主题讨论，讨论后再对他们的态度进行测量。如果有变化，则可以归结为是实验变量（即主题讨论）

引起的。

2）等组实验

等组实验以两个或两个以上条件相同的实验组为实验对象，使之分别接受不同实验因素的作用，然后对各个实验因素所产生的效果进行测量和比较。等组实验最重要的条件是各组必须尽量相等。例如，我们研究教师鼓励对初中生学习成绩的影响，可以对两个班级（同一年级，且成绩和表现相当）根据不同的实验因素（鼓励、不鼓励）施加刺激，然后对两个班级的成绩进行测量。如果存在差异，则可认为是实验因素引起的。

3）轮组实验

在不具备选择实验对象的条件下，我们无法进行等组实验，这个时候可以采用轮组实验，即把各个实验因素轮换作用于各个实验组，然后根据各个实验因素作用所引起的变化总和来决定实验结果。这种实验设计的用意有两个：一是为了平衡被试组的差异，二是为了平衡实验顺序效应。模式为：

被试组1　　X_1　　01　　X_2　　02

被试组2　　X_2　　03　　X_1　　04

轮组实验中，两个组都是实验组，它们接受实验处理（X_1、X_2）的顺序不同。第一组先引入X_1，再引入X_2；第二组先引入X_2，再引入X_1。效果分别是01、02、03、04。结果是将两种实验处理（X_1和X_2）的效应分别相加，即01+02与03+04，然后再对两组的效果进行比较。例如，对两个条件不同的班级使用不同的教学方法（讲授法和案例教学法），先测量讲授法对两个班的平均效果，再测量案例教学法对两个班的平均效果，最后再对两种教学方法的平均效果进行对比，得出实验结果。

3. 实验研究的操作步骤

概括而言，实验研究的操作包括确定课题、建立假说、设计实验、实施实验、处理数据、形成报告几个步骤。

1）确定课题

如前所述，确定课题必须遵循有价值、有创新和可操作等原则。

2）建立假说

所谓假说就是实验者对自变量与因变量之间关系的推测与判断，应当是可检验的。假说要用表述或条件句的形式呈现。

3）设计实验

实验设计是指实验者在实际着手验证假设之前制定的实验计划。实验设计要考虑到自变量的操作与控制、因变量的观测方法、无关变量的控制措施、实验对象的选择、实验的组织形式和实验数据处理方法等。

4）实施实验

实验实施就是实验工作者按照设计的方案操作自变量，控制无关变量，观察、记录、测量因变量，搜集实验信息的过程，也就是将实验方案物质化、现实化的过程。要对实验实施过程进行控制，以保持实验过程按实验设计的要求、程序进行。此外，实验过程中要客观搜集实验信息与资料、观测变量，为因果推论提供事实和依据。

5）处理数据

处理数据是对在实验过程中记录的数据，用科学的统计方法进行统计分析。一般是先用描述的方法把原始资料加以列表、图示，然后再用统计方法来检验自变量与因变量之间的关系。

6）形成报告

形成报告是将研究的目的、意义、过程、方法、结果、结论等进行客观的表述过程，其结果是文字性材料。

4. 实验效度的提高

为了提高实验研究的效度，在实验过程中经常采用以下方法。

1）恒定法

在设计实验时，为了将可能影响结果的干扰因素排除在实验之外，可使之恒定。例如，考虑到实验结果会受到研究对象年龄的影响，可以只在某一年龄段内进行实验，以排除年龄因素的干扰。但这种做法会限制实验结论的推广性，如上述研究的实验结果不能轻易推广应用到其他年龄段。

2）纳入法

纳入法是将影响实验结果的干扰因素当作自变量来处理。在上面的例子中，除了使用恒定法，还可以把年龄当作自变量，按照不同年龄区间对实验对象进行分组，测量由于年龄差异而产生的变化，从而提高研究效度。

3）平衡法

平衡法是对参加实验的被试者采用随机抽样与随机分派的方式进行分组，使各组被试者所具备的干扰因素机会均等，从而相互抵消。

4）循环法

循环法意为同一被试者重复接受几种不同的实验条件。在各种实验条件下，被试者个人条件因素基本不变，因此，可以认为被试者个人条件因素对各个实验处理结果机会均等，从而排除干扰。

第三节　质的研究

一、质的研究的概念和特征

（一）质的研究的概念

质的研究也称质性研究，在社会科学领域应用最为广泛。与量的研究，尤其是实验研究，严格控制研究过程、尽可能减少变量不同，质的研究更加推崇自然、真实。主张质的研究的学者认为，社会是真实存在的，具有复杂性，不能用设计实验来说明多变的社会科学。

概括而言，质的研究更加重视研究问题的现象、过程及意义，而不是多少、大小、强弱、快慢之类的指标。质的研究具有一定的主观性，对现象的解释使用的是文字，而不是数字。

（二）质的研究的特征

1. 真实性

质的研究不是将研究对象放在实验室里，而是要在真实、自然、原生态的环境中去发现、观察、记录，进而进行分析和归纳。因此，较之量的研究，质的研究更为真实。

2. 归纳性

质性研究通常从具体的现象开始，并不要求在研究之前就形成假设。因此，研究者在整个研究过程中更加开放，而不是像实验室一样追求尽可能的封闭。经过系列观察和记录之后，质的研究结果的形成依赖于归纳和总结，归纳的结果可以是模式、策略等。

3. 复杂性

质的研究的真实性决定了研究对象所处的环境是复杂的、动态变化的，其中充满了各种变量。因此，质的研究是诠释主义的、现象学的和系统性的，从整体的复杂性出发来理解特定的事物是其基本思路。

二、质的研究方法

（一）观察法

观察法指研究者按照一定的计划，为实现一定的研究目标，对研究对象进行系统、全面的观察，从中收集各种现象资料，并进行分析研究的方法。观察法并不是独立运用的一种方法，任何研究都离不开观察。

1. 观察法的分类

根据研究对象是否受控，可把观察法分为实验室观察和实地观察两种类型。

（1）实验室观察是通过摄像机、显微镜和录音设备等实验观测仪器，在实验室或受控环境中对研究对象进行观察的过程，常用于自然科学研究。

（2）实地观察是在自然环境下对正在发生的事情进行观看、倾听和感受的活动。这种方法广泛应用于自然科学和社会科学领域。

2. 观察法的实施步骤

与日常生活中的观察不同，科学研究中的观察法具有明确的目的性和计划性。观察法主要有以下步骤。

（1）观察研究设计，明确观察目的和任务，确定观察对象的总体和样本，选择观察方式，制定观察计划和预期结果。

（2）按计划实施观察，并做详细的观察记录。

（3）整理观察结果，及时对有关资料进行分析、处理。

（4）撰写观察研究报告。

3. 观察法的使用注意事项

使用观察法时要注意如下几点。

（1）制定观察计划，尽量形成文字方案。

（2）保持客观公正的立场，不能凭个人好恶观察事物。

（3）看到事物的各个方面，不能片面和简单化。

（4）认真仔细，不能浅尝辄止。

（5）随时记录，尽量详细，保持原汁原味。

4. 观察法的优势和局限性

1) 观察法的优势

观察法是最古老的研究方法，也是自然科学和社会科学最重要的研究方法之一，在科学研究中的优势十分明显。观察法的主要优势如下。

（1）真实性强。"耳听为虚，眼见为实。"观察法得到的信息数据是客观而非主观的，不以人的意志为转移。因此，通过观察获得的是宝贵的第一手材料，真实性毋庸置疑，研究信度高。

（2）便利性高。观察一般不需要特别的辅助设施，也不需要事先向被观察者声明，只要研究者有心、留心、细心，随时随地都可以进行观察，十分方便。大量有价值的经验性资料都可以通过日常的观察逐渐积累起来。

（3）可操作性强。观察中，研究者可以是一个人，也可以是多个人，同样，被观察者也可以是一个人或者多个人。观察通常在不告知、不改变被观察对象的情况下进行，可操作性强，成本较低。

2) 观察法的局限性

观察法也有其自身的局限性。如，观察法可能会受到时空的限制，需要研究者投入大量的精力，而且必须亲临现场，紧紧跟随被观察的对象。即便如此，由于事件发生的偶然性，观察还是可能会错过一些重要的信息。另外，观察获得的是表象信息。通过现象看本质，需要研究者具有一定的功力，不能盲目下结论。观察法所得到的结果，可以是数据，也可以是描述性材料。因此，它既可以应用于量的研究，也可以应用于质的研究。

（二）访谈法

访谈法是通过与研究对象的交谈收集所需资料的一种研究方法，适合对事物进行深入研究。与日常对话相比，访谈法具有明确的目的性和操作步骤。

由于直接面对受访者，研究者可以根据实际情况及时调整访谈内容，因此访谈法具有较好的灵活性和适应性。但相对问卷调查法，访谈法一次面对的调查对象范围比较窄，花费的精力也比较多，因此更多用于个别化研究。

1. 访谈法的分类

依据受访者的人数，访谈法可分为个别访谈和集体访谈。个别访谈通常只有一名受访者，两个人就研究问题进行交谈；而集体访谈可以同时有多名受访者，由于人数太多，访谈难以控制，因此集体访谈的受访者一般也不超过十名。

根据访谈的方式不同，访谈法可以分为面对面访谈、电话访谈、在线访谈和书面访谈。面对面访谈和电话访谈使用最为广泛，也容易理解。在线访谈主要是利用网络实时交互工具，如QQ、微信、网络聊天室等进行双方对话。书面访谈是研究者将访谈提纲交给受访者，受访者进行书面作答后，再发还给研究者。在线访谈、书面访谈均通过语言文字的方式进行，便于后期的资料整理。

2. 访谈法的实施步骤

1）准备阶段

（1）确定访谈时间和地点。一般来说，为了表示对受访者的尊重，以及使受访者感到轻松自在，访谈时间和地点应该尽量以受访者方便为主。

（2）协商有关事宜。为了与受访者建立良好的关系，消除受访者的思想顾虑，在访谈开始前，访谈者应该向受访者说明访谈目的，并向受访者说明访谈语言的使用、交谈规则、自愿原则、保密原则和录音等问题，以确保访谈的顺利进行。

（3）设计访谈提纲。访谈提纲在访谈过程中起提示作用，它应该包括研究者通过访谈想了解的主要问题和应该覆盖的内容范围，以免在访谈过程中遗漏重要内容。

2）访谈阶段

（1）提问。访谈中的提问方式受很多因素影响，如问题的性质、受访者的特点以及访谈的情景等。研究者应根据具体情况，采用不同的方式，并做到随机应变。

为了确保答案所包含的多种可能性，防止对受访者的误导，研究者应尽量使用开放性问题。开放性问题指的是没有固定答案的问题，允许受访者做出多种回答。如，"你对……有什么想法？" "……是怎么实施的？" "你们为什么做……？"

相反，封闭型问题是指那些对受访者的回答方式和回答内容有严格限制的问题，其回答往往只有"是"与"不是"。如，"你同意……的做法吗？" "其他人是不是也对……感到满意？"

为保证访谈的客观性，避免造成受访者理解和回答困难，提问应尽可能清晰、具体。如，"你平时都参加哪些项目的运动？"就比"你平时都参加哪些活动？"更具体，受访者对这类问题也比较容易回答。

除了上述内容提问，还应注意顺序。一般按照由浅入深、由简入繁，或者按照问题的逻辑性或事情发展的顺序来问，并且问题间的过渡要自然。可以以受访者之前所谈内容的某一点作为导出下一个问题的契机。如，"你刚才说到……，那么我想了解……"类似的句式，能够使问题导入更加自然。

（2）倾听。在访谈过程中，听也是非常重要的工作。只有用心地倾听对方，才能够听出受访者的言外之意，从而真正理解对方。除了用心倾听，访问者还要做到以下两点。

① 不要轻易打断受访者的谈话。不要轻易打断受访者，也是尊重受访者的表现，有利于维持良好的访谈气氛。在访谈过程中，研究者可能会认为受访者的谈话跑题了；但是被访者的表述一定有自己的目的和逻辑，有必要表达出来。而且，受访者谈话的内容即使与研究主题无关，也有利于我们理解受访者，进而对其访谈内容进行解读。因此，我们应该耐心倾听，等待时机，在对方谈话告一段落后再进行追问。

② 容忍沉默。沉默的原因有很多，如无话可说、不好意思、回避问题和进行思考等。如果已经与受访者建立了良好的研究关系，访谈进行比较顺利的时候，受访者忽然沉默下来，那他（她）很可能是在进行积极的思考，研究者应该耐心等待。如果对方长时间保持沉默，研究者可以适当地询问对方："请问你在想什么？"轻易打破沉默，有可能会阻断对方思路，不利于访谈的深入进行。另外，访谈过程可用笔做记录，也可以采用录音方式。使用录音，应先获得受访者同意。

（3）回应。适时的回应，有利于维持访谈的良好氛围，建立研究者与受访者的对话关系。我们可以适当地使用"是""对"等简单的言语，或者点头、微笑等方式，鼓励受访者继续发言；也可以通过重复、重组受访者的话，或者对其谈话内容进行简短总结来确认自己的理解，并鼓励对方继续发言。此外，可以进行适当的自我暴露。针对受访者所谈内容，就自己有关的经验和体验做出回应，如"我也曾经有过这种经历"，有利于拉近与受访者的距离，使访谈过程更加轻松。但是这种自我暴露要注意时机，不能滔滔不绝，以至于喧宾夺主。进行回应的时候还应该注意，不管你是否同意受访者的说法，都应该避免对对方的谈话进行随意评论。

除了上述问题，如果是集体访谈，研究者还必须注意把握好访谈主题，做好受访者之间的协调工作，保持受访者民主、平等地对话。

3）结束阶段

（1）访谈时间应该根据访谈实际情况而定。如果受访者面露倦容，访谈节奏变得有些拖沓，那就应该结束访谈。一般情况下，根据受访者注意力维持的时间，访谈不应超过两个小时。

（2）尽可能以一种轻松自然的方式结束访谈。研究者要对受访者的合作表示感谢。研究者可以用委婉的方式暗示受访者结束谈话。或者研究者可以不用语言暗示，只做出访谈结束的姿态（合上记录本，整理访谈设备）。如果此时被访者就某个问题兴致很高地发表意见，即使内容已无关紧要，研究者也应该耐心听完，这是对被访者的尊重。如果被访者在结束阶段表现出疲劳、厌烦、说话迟缓、语调降低、频繁看时间等，研究者应该适时结束谈话。

3. 访谈法应该注意的问题

（1）在制订访谈提纲时，问题要紧紧围绕研究目的设定。设定的问题要通俗易懂，尽量口语化，让不同层次的人都能准确理解。同时，问题的性质要尽量中立，以保证获得受访者的真实想法。

（2）与受访者建立良好关系，是保证访谈顺利进行的基础。因此，研究者要注意保持自然、亲切的态度，诚恳有礼，尊重受访者。

（3）让受访者了解访谈目的。受访者对访谈的内容和价值越了解，态度就会越积极。

（4）要严守自愿原则和保密原则，消除受访者顾虑。

4. 访谈法的优越性和局限性

1）访谈法的优越性

访谈法虽然得到的是人们的主观描述和感受，但其优越性是毋庸置疑的。概括而言，主要包括以下几点。

（1）调查较为深入。与问卷调查的格式化选项相比，访谈法是在交流互动中进行的，容易调动受访者的积极性。调查的内容和方向也容易把握，可以深入了解受访者的情况，获取全方位的信息。

（2）调查内容的时间跨度大。与观察法只能调查现状不同，通过对目击者当事人的访谈，研究者可以对事件的历史、现状获得更为丰富的信息，便于掌握事情的来龙去脉。

（3）调查对象的适应性强。访谈的对象可以是所有类型的人，没有年龄限制、性别限制和文化程度的限制，只要能够进行口语的沟通访谈，就可以发生。

（4）调查较为灵活。与问卷调查题目预先确定不同，访谈的内容可以根据采访现场情况及访谈的深入随时进行调整。访谈法不仅可以获取关于事实的材料，而且可以深入获取事件之间的因果关系、主观态度等信息。此外，通过察言观色，研究者在访谈中能够把握访谈资料的真实性。

2）访谈法的局限性

（1）访谈法要求研究者必须身体力行，因此访谈的对象相对较少，成本较高，时间花费大，资料的后期整理也需要投入较大的精力。

（2）访谈信息具有明显的主观性，甚至有片面、偏激的言语，获取的结果结构化程度低，不利于汇总。

（3）在访谈过程中，受访者和研究者面对面，可能会给受访者带来一定的压力和影响，从而使得访谈信息的真实性打了折扣。

（4）访谈对研究者的语言表达能力、人际沟通技巧的要求较高，需要研究者有一定的经验积累。

（三）个案研究法

个案研究法也称案例研究法，是对单一的研究对象进行深入具体研究的方法。个案研究的对象可以是个人，也可以是个别团体或机构，还可以是一个事件、一个过程等。个案研究，一般是对研究对象的一些典型特征做全面深入的考察和分析。一般说来，个案研究具有以下特点。

1. 个案研究法的特点

1）个案选取具有典型性

由于个案研究法选取的研究对象比较少，为了使研究结果具有可推广性，个案的选取必须具有典型性和代表性。例如，我们研究大学生对跨专业选课的学习动机，可以选择在一所公认的重点大学进行研究。如果研究结果显示，该大学学生对跨专业选课的学习动机不强，那么我们可以谨慎地推论，其他大学的学生对跨专业选课的学习动机也值得推敲。

2）研究内容的深入性和全面性

个案研究的对象单一，研究时间充裕，因此应更加侧重于对个案的深入、全面研究，以便对个案有充分的理解，并深挖存在的问题。个案研究的内容可以是个案的现在，也可以是过去，还可以追踪个案的未来发展。个案研究可以做静态的分析诊断，也可以做动态的调查和跟踪。例如，对一个学习后进生的研究，往往需要从多方面加以考察，诸如学生学习的智力因素和非智力因素，原有的知识基础和学习方法，以及教师的教学和家长的辅导情况，还要进行前后左右的对照和比较，这样才可以对该生进行比较全面而深入的了解和认识。

3）研究方法的多样性和灵活性

个案研究法不是完全独立的研究方法，由于需要搜集个案方方面面的资料，全面把握个案的发展变化规律，所以需要根据实际情况综合应用多种方法。

2. 个案研究法的实施

1）制订个案研究计划

研究设计除了包括研究背景、目的和意义的阐述外，为了保证研究具有可行性，还需确定研究的角度，选择研究对象和范围，明确研究操作方法，进行结果预测。

2）收集资料

个案研究的有效性是建立在大量资料基础上的。除采用多种研究方法外，资料的搜集还需要研究者具备开放的研究态度和敏感的研究触觉。个案研究的对象处于复杂的现实环境中，涉及大量的相关变量和干扰因素。只有保持开放的态度和敏感的研究触觉，才能透过大量的数据资料寻找到重要的研究线索和关键的研究因素，触摸到研究问题的本质。

3）分析研究资料

个案研究收集到的资料往往量多而且零散，很难直接用于解释问题。因此，还需要研究者对其进行解读、加工，按照一定的逻辑组织起来，并以此为基础进行归纳和凝练。

4）撰写研究报告

完成了以上各个步骤后，研究者已经对所研究的个案有了理性的认识，可以开始撰写研究报告。研究报告一般包括研究对象的基本情况、研究的目的与内容、研究的过程与方法、研究结果等。

（四）行动研究法

关于行动研究法，目前还没有一个统一的定义。有学者认为："行动研究法是由社会情境（包括教育情境）的参与者进行的一种自我反思的研究方式。"也有学者认为："行动研究法是实际工作者为研究自己的实践所进行的一种研究方式。"虽然定义不同，但其中的内涵大致相同。综合起来看，行动研究法一般应具备如下三个特征，即为行动而研究、在行动中研究、由行动者研究。

1. 行动研究法的特征

（1）为行动而研究，指出了行动研究法的目的，它不是为了构建学术理论，而是为了解决实践中的问题，具有实用性。

（2）在行动中研究，指出了行动研究法的方法，即实践者解决问题的过程，包括发现问题、分析问题、形成策略、实施策略与效果反思。

（3）由行动者研究，指出了行动研究法的主体，即实践者。行动研究强调实践者参与研究工作，投入研究过程，因此特别适合在职人员使用。

2. 行动研究法实施步骤

行动研究法有多种模式，在具体的实施步骤上也存在一些差异，但基本都包括以下四个环节，如图5-1所示。

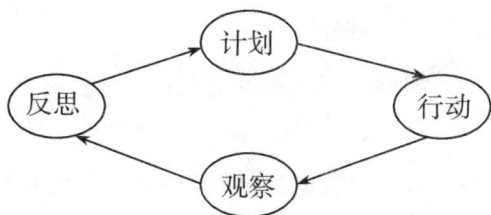

图5-1 行动研究法循环模式

1）计划

计划阶段主要任务是明确问题、分析问题和制订行动方案，它以大量事实和调查研究为前提。此阶段要求研究者通过调研弄清楚以下几个方面的内容。

（1）现状及其成因。

（2）存在问题及其制约因素。

（3）各因素的可变性及改变途径。

（4）怎样创造条件，如何改进措施。

（5）制订行动方案。

2）行动

行动即实施行动计划，它是行动研究者有目的、负责任、按计划的行动过程。行动计划的执行和实施具有灵活性。随着对问题认识的逐渐明确，以及行动过程中各种信息及时的反馈，研究者不断吸取参与者的评价和建议，对于制订的计划可在实施中修改和调整。

行动往往由实践者和研究者一同完成。在教育研究中，学生、家长和社会人士均可作为合作对象，研究者要协调各方面力量，保证实施到位。

3）观察

观察是对行动过程、结果、背景以及行动者特点的观察。观察是反思、修订计划和进行下一步行动的前提。观察的内容如下。

（1）行动背景因素以及影响行动的因素。

（2）行动过程，包括什么人以什么方式参与了计划实施，使用了什么材料，安排了什么活动，有无意外的变化，如何排除干扰，等等。

（3）行动的结果，包括预期与非预期的、积极和消极的结果。

4）反思

反思是行动研究一个循环周期的结束，又是过渡到另一个循环周期的中介。反思环节包括整理描述、评价解释和撰写研究报告。

（1）整理描述，即对观察到、感受到的与制订计划、实施计划有关的各种现象加以归纳整理，描述出本循环过程和结果，勾画出多侧面的生动的行动过程。

（2）评价解释，即对行动过程和结果做出判断。对有关现象和原因做出分析解释，找出计划与结果不一致的地方，从而对下一步行动研究做出修正和完善。

（3）撰写研究报告。行动研究的研究报告有自己的特色，可以撰写成通常的描述总结研究的报告，也可以编制一系列的个人叙述，或者让所有的参与者共同撰写研究故事，让不同的声音一起说话，让多元的体验相互交流。

行动研究法要求研究者进行2~3轮设计行动、观察反思的循环过程。

（五）叙事研究法

叙事研究法也叫故事研究法，是一种典型的质的研究方法。它以讲述故事的方式描述人们的思想、目的、行为和生活方式，通过分析有关经验的故事、口述、现场、观察、日记、访谈、自传、书信甚至文献等，揭示现象的实质内容内涵，将抽象、深刻的道理通过故事自然而然展现出来。

简单来讲，叙事研究法就是由研究者本人叙述自己的研究过程中所发生的一系列事件：所研究的问题是怎样提出来的；这个问题提出来后是如何想方设法去解决问题的；在具体的解决问题的过程中又遇到了什么障碍；如果问题没有被解决，或者没有很好地被解决，后来又采取了什么新的策略，或者又遭遇了什么新的问题。叙事研究具有行动研究的一般特征，其研究思路包括问题、设计、行动、观察和反思。

1. 叙事研究法的特征

（1）叙事是讲述自己的故事，而不是他人的故事。叙事研究法具有自传的特点，通常采用第一人称的写作方式。因为是讲述自己的故事，所以叙事研究法的内容是已经完成的事情，而不是对未来的展望；是"实然"的实践，而不是"应然"的规则或

"或然"想象。叙事研究法讲求朴实、诚恳地叙述"我"已经做了什么，而不是指手画脚地阐述应该做什么。

（2）不提供唯一的、现成的答案。叙事研究法和其他研究法不一样，它不提供某种现成的答案，而是提供一种刺激，以换取读者的反思。叙事研究关注具有情景性、时间性、偶然性的生活世界中的具体的人和事，关注作为人的体验与感受，以及活动对个人的影响与意义。

（3）关注研究过程中有意义的细节及其情节。叙事研究法不是记流水账，而是记述有情节、有意义、相对完整的故事。叙事研究法追求描述的逼真性和生活写真，强调对故事细节进行整体性的、情境化的、动态的"深描"，完整再现事件发生的时间、地点、情节等。描述越详尽、细致，越能把读者带到现场，使其产生身临其境的感觉。另外，只有原汁原味地呈现原始素材，才能为结论的归纳提供足够的证据。

（4）采用归纳，而不是演绎的研究方式。叙事研究法的结果获取采用归纳逻辑，意在通过真实经验获得认知。叙事研究法不仅仅停留在对一个个孤立事件现象的描述上，而是要考察事件发生和变化时的社会文化背景以及事件间的联系，进而进行有效的归纳。

2.叙事研究法的局限性

叙事研究特别适用于一线实践者，具有简单、灵活、便于实施和理解的优点，便于反思自己的实践，具有其他研究方法不可替代的作用。但对于专业研究者来说，叙事研究具有其难以避免的局限性。

（1）对研究者有较高要求。叙事研究容易受到研究者个人倾向的影响，内容展开的随意性较大，研究质量很大程度上取决于研究者自身素质。因此，高质量的叙事研究对研究者有很高的要求。研究者在确定研究问题时，需要独具慧眼，捕捉价值；在收集资料过程中，要创造自然轻松的氛围；在分析资料时，需要一定的理论基础和诠释能力；而完成叙事报告，则要具备良好的文字表达能力。

（2）有一定的信度局限。叙事研究的信度不高，研究结果难以验证，研究结论不易推广，更难建构理论。实践中的故事是丰富的，要在其中寻找反例易如反掌，因此叙述研究更像是一家之言，重在真实呈现"故事"原貌，启发读者反思。毕竟个体的实践不能直接说明一般的规律。

3.叙事研究法的步骤

叙事研究首先要有事可叙，这就需要选择、观察、收集、整理故事；叙事研究还要对事进行研究，这就需要理论的准备和理性的视角；叙事研究还要对研究成果进行撰写，这就需要具备流畅、精炼的语言表达能力和简洁明快的文字写作能力。因此，叙述研究一般涉及以下几个步骤。

（1）确定研究问题。确定研究问题是进行所要研究的前提，叙事研究也不例外。实践领域的广阔使得叙事研究更注重以"小叙事"来反映"大生活"，因此要关注微观层面的小事小情。另外，叙事研究的问题应有意义。所谓有意义的问题无非两种含义：一是研究者对该问题确实不了解，希望通过研究找到答案；二是该问题所涉及的地点、时间、人物和事件在现实生活中确实存在，对研究对象来说具有实际意义，是他们真正关心的问题。

（2）了解研究对象，走进研究现场。在确定了研究问题之后，叙事研究接下来要做的就是了解研究对象，走进研究现场。这有助于研究的顺利实施，便于研究者观察和了解研究对象所处的真实环境，了解研究对象及其工作、生活、学习环境，能够促使研究者与研究对象的互动与合作，进而获得更加丰富、有价值的第一手真实材料，提高研究的信度、效度。

（3）进行观察、访谈。叙事研究正式开始后，研究者做得最多的就是观察和访谈。观察是在自然状态下进行的，它为研究者提供了来自各种感官的形象的、生动的经验。访谈则是研究者与研究对象进行的有目的的谈话，双方在办公室、宿舍、操场等地方围绕某个专门问题进行深入访谈，从而将叙事研究推向更深处。

（4）整理、分析资料。叙事研究离不开对所搜集资料的整理、分析，每一次整理资料、阅读资料的过程，都会令研究者对事件产生新的感受和新的感悟，并能够及时对所需资料查漏补缺。

（5）撰写研究报告。叙事研究报告的撰写是在大量基础工作之上进行的总结性归纳。它既包含研究者对所观察到的"事"的故事性描述，也包含研究者对"事"的论述性分析。叙事研究报告既要详尽描述，又要整体分析，特别要创设出一种现场感，把事件生动地展现在读者面前。

小资料

信度和效度

一、信度

信度指测验结果的一致性、稳定性及可靠性，一般多以内部一致性来表示该测验信度的高低。信度越高，表示该测验的结果越一致、稳定与可靠。系统误差对信度没什么影响，因为系统误差总是以相同的方式影响测量值，所以不会造成不一致性。反之，随机误差可能导致不一致性，从而降低信度。信度可以定义为随机误差R影响测量值的程度。如果$R=0$，就认为测量是完全可信的，信度最高。

二、效度

效度，即有效性，是指测量工具或手段能够准确测出所需测量的事物的程度。效度是指所测量到的结果反映所想要考察内容的程度。测量结果与要考察的内容越吻合，则效度越高；反之，则效度越低。

三、信度和效度的关系和区别

（1）信度低，效度不可能高。因为如果测量的数据不准确，也并不能有效地说明所研究的对象。

（2）信度高，效度未必高。例如，即使我们准确地测量出某人的经济收入，也未必能够说明他的消费水平。

（3）效度低，信度很可能高。例如，一项研究未能说明社会流动的原因，但它很有可能很精确、很可靠地调查了各个时期各种类型的人的流动数量。

（4）效度高，信度也必然高。

第六章　毕业论文结构与写作过程

第一节　毕业论文的结构形式

论文的结构就是论文各部分的组织构造及其逻辑顺序。社会体育指导与管理专业学生在毕业论文写作前，必须先设计论文的结构，包括分为几大部分，各部分分别包含哪些内容，相互如何衔接，层次和段落如何划分，怎么开头，怎么结尾，等等。在一篇论文中，主题解决的是"言之有理"的问题，材料解决的是"言之有物"的问题，而结构则是解决"言之有序"的问题。结构的好坏将直接影响到论文的表达效果，只有通过一定的结构形式，将纷繁众多的材料按照主题表达的需要加以精心组织，对结构进行合理的筹划，对层次、段落、开头、结尾、过渡和照应做出恰当的安排，才能使毕业论文成为一个有机的整体，使论文内容的表达收到事半功倍的效果，实现内容与形式的完美结合。

一、论文结构的基本要求

（一）服从主题，围绕中心

论文结构要服从主题的需要，围绕中心思想展开论述。由于标题具有概括并表现主题或中心思想的作用，论文内容的安排一般是根据标题做出的论文。标题确定以后，论文的内容或论文的中心也随之确定。因此，围绕标题也就是围绕中心，要用确定的标题检查论文的内容，删除那些与标题不相关的内容。确定论文的标题通常有两个依据：一是依据论文的内容，二是依据论文的中心思想。不管是论文的内容还是中心思想，都是论文主题的反映。因此，论文的结构不管采用何种方式，都要服从主题，需要为表现主题服务。

（二）讲究层次的逻辑性，严格理顺段落层次关系

层次的逻辑性和顺序性是论文在结构上的突出特点。论文不同于新闻和文学作品，可以用复杂多变的结构形式来表现主题。客观事物发展的规律性，决定了论文结构严密的逻辑性。论文通过逻辑推理来论证中心论点，是由其基本特性决定的。结构是作者思维过程的外在表现，因而只能按照逻辑推理进行安排，而不能带有其他的随意性。有时各部分的安排在逻辑上无顺序要求，但由于内容的特殊性，要求层次段落必须有固定的顺序，不能颠倒。

（三）既遵循传统模式，又灵活安排结构

在长期的科研与写作实践中，论文已形成了某些约定俗成的固定格式，而且这些格式已逐渐发展成为国际化的相对固定的格式。作为科研成果载体的理论论文，更加明确地突出了论文的内容，作者和读者不必在写作格式上花费过多的精力，从而可以更加集中精力于撰写和阅读论文上。

但是客观事物是极其复杂的，论文的内容也非常丰富，论文作者的爱好、专长更是千人千面，因人而异。既然客观事实没有固定的程式，毕业论文的结构也不能过于刻板、墨守成规，写作格式应在固定中有所变化，在严谨中有所灵活。论文具有学科的区别，其内容特点也各不相同，加上论文的类型多种多样，有专论、综述、调研、理论型和实证型等，不同学科、不同类型的论文在表达科研成果的角度、容量和表现方式上也各有不同，因而论文的结构也应有所变化，写法也应灵活多样，千姿百态。

论文相对固定的格式只是一个大的框架，对整篇文章来说，在格式内仍有如何谋篇布局的问题。在撰写论文时，应根据特定的写作目的和具体内容进行精心构思，合理安排，以求结构能够反映文章的内容特点和作者个性，力求每篇论文的结构都有其特色，不落前人窠臼，富于变化，引人入胜。

（四）做到纲目分明、图文协调相称

毕业论文不像一般议论文或其他文体，洋洋万言而无小标题和序号。由于它是通过分论点和论据对复杂事物和现象的规律进行有序、鲜明的揭示，所以必须纲目分明，让读者容易把握作者的思路，即分析问题、解决问题的步骤。如果没有必要的纲目，或者纲目混乱不清，难免会"以其昭昭，使人昏昏"。为了证明观点，说明问题所使用的人工语言即图表、画像，也必须与文字搭配和谐，给人以协调的感觉。

二、论文结构的要素

论文结构的要素就是论文的基本成分和基本部分，一般指层次、段落、绪论、本论、结论，以及表达交代、过渡、照应、衔接、转折等起着"起承转合"作用的方方面面。

（一）层次

层次是指论文思想内容的表现次序，它是对论文内容先写什么、后写什么所做的次序安排，是人们认识和表达问题的思维过程在论文中的反映。层次是根据论文的内容进行划分的，一个层次即一个意思。古今中外的所有文章都包含层次安排。

层次的安排较为常见的有三种顺序和两种形式。

1. 三种顺序

一是时间顺序，即按时间发生的先后来排列材料、安排层次。二是空间顺序，即按所要反映事物的空间位置逐项撰写，或由上至下，或从左到右，或自内向外地分别进行描述。三是推理顺序，即按分析问题的步骤和理论推导的顺序来安排层次。

2. 两种形式

一是列举式，即将论述的问题及材料按照性质和功能进行归类，并一一列出表达。一般用于介绍实验材料和表达实验结果的场合。二是分总式，即先提出问题，再将问题分为几个方面逐一分析，最后加以总结。这种"提出问题—分析问题—解决问题"的层次安排法，在学术类毕业论文中使用较多。

层次是文章各层意思的顺序及其逻辑联系的表现，是事物发展的阶段性和人的思维进程在文章中的反映。一篇文章就是由各种大小层叠的层次组织起来的。整篇文章是由几个大层组成的，每一大层又有若干小层组成，每层只承担或大或小的一部分思想内容的表达。层与层之间既有着各种各样的有机联系，又有着明确的分工，每层都有相对独立的界限。同时，层次的安排还要有序，层次要表现出思维的进程和问题在各个方面的内在联系。因此，确定论文的层次，必须表现出论证、推理中的逻辑过程和步骤，根据总、分论点以及论点与材料的关系，确定层次之间的并列、从属、总分、因果等各种联系，让每一层既是一个独立的环节，又是环环相扣的逻辑链条中的有机一环。

安排层次，一般用"一、二、三""（一）、（二）、（三）""1.、2.、3.""（1）、（2）、（3）""第一、第二、第三""首先、其次、最后"等表明序次的文字冠于每层之首，以示次序的先后及隶属与主次的关系。

（二）段落

段落即自然段，它是文章结构的基本单位，具有移行缩格的外部标志。它既可以是文章内容的组成部分，又可以作为过渡段，在上下段之间起连接作用。

每个段落均有一个中心思想，称为段旨。段落中明显表达出段旨的句子称为段旨句。段旨句通常在段首，有时也处于段尾。无论处于段首还是段尾，其位置都十分醒目，能引起读者的注意。从功能上说，段旨句处于段首，可以领起下文；处于段尾，可以归纳整个段落。段旨句在段中的十分少见。

划分段落需遵循如下四个原则。

一是单一性。一个段落只能有一个段旨，即此段分论点；不允许包含几个段旨或几个分论点，否则在一段之内，就会头绪纷繁，意思纠缠不清。写作时，尽可能把段旨句放在明显的位置。通常置于段首，比较醒目；有时也置于段尾，顺理成章地得出结论，让读者了解逻辑推理的过程。

二是完整性。段旨在一个段落中表达完整。段落是论文中相对独立的部分，不管段落的长短，均不能把原来完整的意思拆散，和下一段相混，以免造成论文的支离破碎，杂乱无章。

三是逻辑性。段落表述的先后次序要符合论文的逻辑推理。段落是层次的组成部分，一个层次常包含若干个段落，每个段落的地位及次序必须根据层次的需要来安排。段落的意思要服从于层次、表现层次，不能脱离层次、违背层次。段落之间必须衔接自然、连接贯通。上段为下段打下基础，下段应是上段的必然发展。只有段与段联系紧密，才能体现论文内在的逻辑关系。

四是匀称性。段落要长短适度、轻重相宜。从内容和表达的需要出发，段落宜常则长，宜短则短，合理安排主次、轻重，做到既照顾内容表达所需，又注意篇章结构之美。

段落一般不宜过长。因为段落过长不仅会使读者望而生畏，而且会使段旨句易被读者忽略，或者被埋没在大量的论证材料之中，使读者不易掌握该段落的中心思想和要领。各个段落的内容分量、字数多寡要适当安排。一般开头段和结尾段都较短，而展开中心论点的主要段落会较长。但通常段落的线性长度以不超过印刷该文的版心宽度为宜。

（三）绪论

绪论又称引论、引言，在短文中称为引子，主要任务是提出全文要论证的主要问题。绪论可以从正面直接提出问题，也可交代写作动机或写作背景，还可以比喻或讲故事的方式引出论题。

一般来说，常见的绪论有以下六种。

一是揭示主题，又称开门见山。即在文章开始就把中心论点和盘托出，直截了当地表明作者的观点，然后再逐步阐述。

二是陈述。这是一种以交代写作动机和目的开头的方式。一开篇就使读者了解课题的研究目的、对象和意义，明确作者的写作意图，能够促使读者更好地理解文章的内容。

三是提要全文。即用极为简练的文字，对全文做概括性的介绍，使读者从开头的提要就可以大体了解全文的基本观点、内容，抓住阅读的要点，从而对全篇有扼要、概括的认识。

四是因题设问。即作者自己提出问题，引起读者的思索与兴趣，然后再全面阐述、回答所提的问题。这种方法可以启发读者的思路，起引导作用，容易吸引读者；也使论文跌宕曲折，富于趣味和亲切感。

五是援引常例。即开头介绍一个相关的事例和现象，然后转入课题的论述。这种具有形象性、生动性的开头方法，容易引起读者的联想和回味，十分自然且又妙趣横生。

六是回顾历史。这是一种简单、概括地介绍历史状况的开头方法，使读者了解过去研究的历史成就、基本观点及存在的问题，从而对课题研究的目的、意义、重点和未来发展有更深刻的认识，为本论的论述奠定基础。

（四）本论

本论是论文结构的主体，是全文的精华所在。在这一部分论述的主要内容有研究成果的性质、意义和价值，特别要详细地阐述作者独特并有创新的观点和见解，并且要用大量充分的材料，通过逻辑推理加以论证。在表达方式上，既可以正面立论，也可以反驳不同的观点或者解决疑问。在篇幅上，此部分内容较多，篇幅较长，一般约占全文的3/4甚至更多一些。本论的主要任务就是对引论中提出的问题和观点进行具体深入地分析论证或反驳，通过一定方式把论点和论据有机地结合在一起，形成一个具有严密逻辑性的论证体系和结构形态。这一部分是安排结构时应特别加以注意的。

它既不是论据材料的堆砌罗列，也不是几条干巴巴的筋骨和几句概括平淡的话语。它需要有事实、有分析、有理论，要真正"论"起来，力求丰满、充实、明白、透彻，内部逻辑要联系紧密。

（五）结论

结论部分体现了论文结构的完整性和作者思维的概括性特征。论文的结论一般具有以下几个作用：或是对上文内容进行归纳综合；或是以上文为根据提出结论性意见；或是针对所提出的问题指出解决的办法；或是发出号召；或是声明写作目的以利于读者理解文章；或是留有余地，以便让读者思考。也有一些论文边分析问题边做结论，最后就不再单独列出结论部分。还有些论文属于问题研究、对策研究，其结论的部分是提出解决问题的办法和具体对策，篇幅较长，分量较重，是文章主体的重要部分。但一般来说，论文有一个较好的结论部分，能起到画龙点睛、锦上添花的作用。论文的结论通常安排在文章最后。常见的结尾方式有以下五种。

一是总结全篇。即对正文阐述的内容再做概括总结，进一步提炼论文的主旨，使读者对中心论点有更全面、更明确的认识。

二是深化论点。好的结尾不但能总结论点，而且能进一步深化论点，甚至提高到哲学的高度，从而更深刻地揭示问题的本质，给人以深刻的启示。

三是提出问题。对于作者不能或不准备解决但又无法回避的问题，在结尾处要做以简要介绍，以引起思考，引发探索，指出进一步研究的方向，使研究向更深入的方向发展。

四是指出价值和前景。在毕业论文的结尾，指出该原理、发现和成果的理论意义和实用价值，对论文中心论点做进一步的补充和说明。

五是一般毕业论文中最常用的一种，即在结论部分提出一系列解决问题的建议和措施。

（六）过渡

若层与层之间、段与段之间在内容上有较大跳跃，仅依靠先后顺序的排列无法使其紧密地连成整体，就可以用过渡的办法把思路连接起来。过渡就是连接层和段落的词、短语、句子或段落。

论文中需要过渡的主要是内容与内容之间的承上启下；其次是由总到分、由分到总，或由具体到概括、由概括到具体，等等思维步骤有了转折的时候；再次是陈述事实之前、展开思维时或思想深入时。

论文常用的过渡方法有以下五种。

一是过渡段。专门用一个较短的、独立的自然段作为两大部分或两大意义之间的过渡，把前面的意义转到后面的意义上来。过渡段可由陈述句、判断句、设问句充当或组成。

二是过渡句。在上一自然段结尾或下一自然段开头处，使用承上启下的过渡句完成过渡。

三是过渡词。用一些关联词语来进行句子之间、句与句之间、段与段之间的承接、连续或过渡。这些过渡词有表示顺接的，如"因此""所以"表示因果，"总之""综上所述""由此可见""总而言之"等来表示承接，有些是表示转折的，如"然而""可是""但是""尽管如此"等。

四是用序号或类序号词。在段首标上"一、二、三"之类的序号，或用"首先""其次""再次""此外"等连接词，使层次分明、条理清楚，读者一目了然。目前，国家对毕业论文已颁布了序号表达规范，如"1、1.1、1.1.1"等，对于文本检索也较为便利。

五是小标题。在两个层次之间加上一个小标题，也是从一个层次过渡到另一个层次的方法。两个层次之间转折较大的，字面意思不连贯，而意义或逻辑上有关联，运用小标题就可以衔接起来。

（七）照应

照应即论文前后彼此照顾和相互呼应，也是论文在结构上、意义上互相联系的一种手段，使论文内容前后关照呼应、浑然一体。照应的作用在于：一是使论文结构严谨，二是让读者了解论文的脉络和层次之间的内在联系。与过渡相比，过渡是从上文转到下文，照应则是由下文回到上文。

常见的照应方法有以下三种。

一是首尾照应，即开头和结尾照应。自然科学论文中通常是在开头部分提出问题，经过正文部分的分析、论证，最后在结尾部分做出回答。社会科学论文也常用此法，首先提出要议论的问题，经过论证，然后在篇末归纳、综合，得出结论。

二是前后照应，即上文与下文内容照应。前面提出问题，后面做出回答；前面做某些铺垫，后面接着论证分析。例如，在递进式结构的前后层次之间，并列式结构的横向之间，总分式结构的综述与分述之间，论文的引言、正文和结论之间，其相关之处均应前后有所照应。前后照应并不是内容或语句的前后重复，而是前面有伏笔，中间有展开，后面有照应，形成结构、内容上的有机联系。

三是照应标题，即正文与标题照应。在论文正文的阐述、论证中，要注意适当点题，以突出中心论点的作用。尤其是标题含义比较含蓄、深刻，正文就更要对标题做出交代，加以点破，使标题与正文相照应。

论文写得结构严谨，富有文采，照应是不可缺少的因素之一。但并非每一处都要照应，如自然科学论文，有小标题和序号划分层次，层次之间的衔接和转换形式比较固定；社会科学论文中，有的前后层次不够自然明白，这些尤其需要设伏笔、作照应。不恰当的照应反而成为文章的累赘，影响行文的简洁和全篇的和谐。

（八）详写与略写

详写与略写是对文章主次、详略的剪裁，应该做到主次分明、详略得当。处理详略应以下面三个方面为标准。

一是依据中心论点的需要确定详略。一般说来，凡与中心论点关系紧密的材料即为主要材料，也是论文的主要内容，取之宜丰，下笔当详，要写得具体、细致、充实。与中心论点关系不够密切的材料则是次要材料，也是论文的次要内容，取之当简，着笔从略，概括与略写即可。与中心论点没有关系或关系甚远的材料，则应毫不吝惜地舍弃，留之无用，反而有害。例如，在论证性论文中，证明论点的论据和论证就应详写。这些论据包括已确立的理论、调查、考察的结果，以及实验数据、已有定论的历史资料等，只有对这些论据给予充分的阐述和论证，中心论点才能站得住，有说服力。

二是依据独到见解而定详略。论文作为研究成果的载体，其生命在于提出了反映新思想、新理论、新对策的独到见解，这也是论文的价值所在。读者最为关注的正是这部分内容。因此，这部分内容应该详写，供读者借鉴和参考，向社会提供具有可操作性和普适性的研究成果。

三是依据读者需要而定详略。论文的详写与略写，还要依据读者对象而确定。对于读者已经了解的内容，无论其多么重要，都应略写；读者生疏而不了解的内容，如属必要，尽管是次要材料，也应适当着笔，不然读者就不明白、不理解。因此，撰写论文时，要认真考虑和研究读者的特点和水平，如专业工作者和普通读者是大不相同的，只有了解读者、分析读者、尊重读者，才能增强针对性，避免盲目性。

此外，值得进一步说明的是，毕业论文有比较固定的框架，即绪论、本论、结论，这三者有其内部逻辑结构。

三、论文结构的基本类型

论文的结构形式多种多样，但也有其相对稳定的基本类型。利用基本类型来撰写毕业论文，不仅便于组织材料和表达观点，也有利于读者阅读。毕业论文结构的基本类型，就是指序论、本论和结论三段式结构。

（一）绪论

绪论部分一般用来说明研究课题的目的、意义及所使用的方法。有时还需做一些历史的回顾：关于这个课题，前人做过哪些研究，本人将有什么补充、纠正或发展。如果是篇幅较长的论文，还可对本论和结论的内容做一些简单的介绍或提示。总之，绪论部分的核心是提出问题，这一部分要求写得简明扼要。

（二）本论

本论是论文的主体部分。它要求详尽地阐述个人的研究成果，特别是作者提出的新的、具有创造性的看法和观点。在这一部分要根据问题的性质，或正面立论，或批驳不同看法，或解决疑难问题，须周详地论证论文的全部思想和新见解。

本论的内容安排主要有直线推论和并列分论两种。直线推论即提出一个论点后，一步一步展开论述，遵循一个逻辑线索，论点由一点转移到另一点；并列分论则是把基本论点的几个分论点并列起来，逐一论述，分论点之间的关系是并列关系。在实际写作中，运用较多的是将二者结合起来的混合型，即直线推论中包含着并列分论，并列分论中包含着直线推论，二者多重交叉结合。撰写毕业论文要全力以赴把本论写好。

（三）结论

结论是围绕本论所作的结语。它是对本论分析论证的内容加以综合概括，引出基本论点或结论，使课题得到解决。有时，也要对该课题研究中遗留的问题及其解决途径做一些说明和展望。结论要求写得简要、具体，使读者明确了解作者独到见解之所在。需要注意的是，结论是对本论的强调，而不是本论论点的重复；是全文的总结和概括，也是进一步的提高。

撰写毕业论文要充分利用结构的基本类型，但又不可把其视为一成不变的公式，一概套用。文章的结构形式最终取决于内容，应在论文内容的逻辑关系上多下功夫，使文章形式富于逻辑性、条理性、系统性。

四、毕业论文的格式结构

毕业论文一般按一定的格式结构进行编写。毕业论文的格式结构一般由前置部分、主体部分、致谢、参考文献与附录组成。其中，毕业论文的前置部分包括标题、署名、摘要、关键词和目录，主体部分包括论文引言、正文、结论以及引文和注释。

（一）标题

标题是毕业论文的必要组成部分，是作者以最恰当、最简明的词语反映论文中最重要内容的逻辑组合。标题是毕业论文主旨的体现，具有高度的概括性和明确性，对读者具有启迪、提示和吸引的作用，是读者把握全文内容核心的第一要件。所以，论文标题对整篇论文具有举足轻重的作用，学生必须用心斟酌、选定。

1. 标题的类型

从功能角度划分，毕业论文的标题可分为三类：总标题、副标题和分标题。总标题即论文的题目，以表现论文主旨为出发点，是论文总体内容的体现；副标题是对总标题的补充和解说，一般在总标题不能完全表达论文主题时采用，如《基于以劳强体与体育文化素养的融合研究——以上海农林职业技术学院为例》。分标题则是论文层次的凸显、逻辑的反映和结构的体现，同时也是论文的层次段落标题，即论文的内容提纲。

从表现形式上看，毕业论文标题可分为问题式、叙述式、比较式、对比式等。问题式是用提问的形式来做标题。这种标题的特点是向读者提出问题，以触发读者的好奇心。叙述式是将论文的主旨直接说出来，可分为肯定叙述式和否定叙述式两种。比较式标题是用较好的和最好的来说明论文主体，从而吸引读者。对比式标题的特点是把两种或两种以上的研究对象放在一起对比，形成反差，从而吸引读者去看原文。如《什么是"体育全球史"？》（问题式）、《基于家庭功能变迁的家庭体育发展路径研究》（肯定叙述式）、《公开课不是体育教师教学评优的唯一形式》（否定叙述式）、《北京建设国际体育中心城市的发展研究》（对比式）、《中美竞技体育国际竞争力比较研究》（比较式）。

2. 标题的要求

标题是论文内容的精炼概括，能准确生动的展示论文主旨，给读者留下深刻的印象。标题要简短。标题不足以表达论文内容，可以增加副标题。副标题的作用是解释补充或限定正题，突出重点，使标题含义更加明确。用于国际交流的论文，应该有外文标题。外文标题一般不超过10个实词。

标题写作要注意三点要求：准确无误、简短精练、严谨规范。

1）准确无误

准确无误是指对论文中心内容、主要观点和主要结论要表达得清楚明白，避免使用含义笼统及一般化的词语。因此，准确无误既包括标题内容方面的要求，也包括遣词方面的要求。

就内容方面来说，标题要准确地表达论文的主体思想，恰如其分地反映研究的范围和要达到的深度。常见的毛病主要有以下三种：一是名不符实，大多是题名所反映的面很大很宽，而实际内容却仅是某一较窄的研究领域；二是标题缺乏特色，不足以反映论文内容的特点；三是标题拔高，文辞太华丽，没有把握分寸，容易使读者产生误解。

就遣词方面来说，标题的语义应十分明确，不应隐晦难懂；能够明确表达论文的主体思想和中心内容，没有任何逻辑错误；尽量不用或少用比喻、夸张等描绘性修辞手法。也就是说，选词必须准确，切忌模棱两可、似是而非。

2）简短精练

简短精练的标题便于读者记忆和引用。标题的长度，国家标准规定不宜超过20个汉字。在保证能准确反映最主要内容和基本观点的前提下，标题的字数越少越好。因此在拟写标题时，要一字一字推敲，惜墨如金。意难其多，字难其少。做到多一字无必要，少一字嫌不足。

标题冗长烦琐、重点不突出，容易使读者印象模糊，难以记忆和引证。精炼标题的方法有：一是将多余的或可有可无的词语删去；二是将标题中连用的同义词或近义词删去，留其中之一；三是当标题无法简化时，应用副标题来简化主标题的字数。

3）严谨规范

严谨规范是指要选用本学科领域中最易概括、词义单一、通俗易懂、便于记忆和引用的规范的术语。在标题的用词方面，应尽量避免使用数学公式和化学结构式，不得使用非公知公用、同行不熟悉的外来语、缩写词、简称、符号、代号和商品名称等。在题名的修饰方面，避免使用烦琐冗长的形容词和不必要的虚词，不可用艺术加工、文学语言或广告式的华丽辞藻来书写毕业论文题名。在标题的结构方面，切忌用复杂的主、谓、宾式完整的语句，最好不用动宾结构，而是用以名词或名词性词组为中心的偏正词组。

为了使标题严谨规范，还要避免"的"的多用或漏用，并要在标题中删去多余的词语，但也不能随便省略词语。标题中某处该不该用"的"字，既要受到语法规则的制约，又要受到修辞规则的约束，总的原则是：如果用"的"后修辞效果不好，不用"的"也通顺，则不用"的"；如果不用"的"字不通顺，那就必须用"的"。

下面为在中国知网检索到的2017—2019年硕博论文题目，以供参考。

山东省农村全民健身科学指导管理体制改革与创新研究

我国社会体育指导员制度建立20年发展述略

河北省社会体育指导员管理困境与创新思路研究

我国潜水社会体育指导员队伍现状、问题及优化路径

沈阳市滑雪场滑雪指导员现状及指导能力提升路径的研究

新时代我国青少年社会体育指导员能力建设研究

高校社会体育指导与管理专业"校企合作，双证融通"人才培养模式实证研究

基于"实习就业"一体化背景下高校社会体育指导与管理专业实践教学研究

社会体育指导与管理专业"专业＋企业＋学生员工"人才培养模式探索

北京体育大学社会体育指导与管理专业学生专业满意度研究

生态文明视域下我国城市休闲体育发展研究——以杭州、武汉、成都为例

我国体育产业上市公司企业价值影响因素研究

健康中国视域下甘肃省城乡群众体育资源优化配置的研究

供给侧结构性改革视角下山东省基层公共体育服务体系创新研究

马拉松运动参与者群体特征及其影响因素研究——从社会认同理论视角

安徽省农村体育资源配置公平性研究

温州高校体育俱乐部引入社会力量发展的路径研究

社会力量参与老年人公共体育服务供给研究

山东省济宁市职业社会体育指导员发展与对策研究

建国初期湖南群众体育研究（1949—1956）

（二）署名

论文署名一般要求真实姓名，并标明工作单位。论文不宜使用笔名。署名位置在论文总标题之下。论文署名表示作者是论文的著作权人，并对其内容负责，便于

读者与作者交流联系。直接参与主要工作者、做出主要成果者、可以对论文内容负责者，均应署名；仅仅完成次要工作的人员不应署名，可以致谢或说明，表明其责任和贡献。

个人的研究成果，个人署名。集体研究成果，应以团体作者署名，个人只能以执笔人身份署名。多人合作的研究成果，可以共同署名。在多人合作的研究成果中，依照惯例，第一作者通常对论文内容负有全部责任，是论文的写作者；其他人员按照贡献大小依次排列。署名既要防止名实不符，即要防止不按照贡献大小，而按资历新老为序，也要防止挂名，即要防止利用职权、名气沽名钓誉。尽量避免争名、借名等不良现象。

毕业论文的署名与一般学术论文有所不同，除署上论文作者的真实姓名及所在学校、院系、专业、班级外，还要署上导师的姓名和职称。学位申请提交通过了答辩的学位论文，在装订成册时，除了要署上作者姓名和就读学校、院系、专业、班级外，有的学校还规定要署上指导学位论文的导师、评阅人、答辩委员会或答辩小组成员等的姓名、职称等。毕业论文改写后在期刊上发表，由学生和指导教师共同署名。

（三）摘要

摘要即提要，又称内容提要。它是对论文内容不加注释和评论的简短叙述，位置在作者姓名与前言之间，一般在论文完稿之后提取。摘要的特点是短小精悍。一般论文的摘要少则数十字，一般在200～300字，最多不超过400字。硕士学位论文摘要需500～600字，博士学位论文摘要需900～1 200字。摘要主要是为了让读者用少许的时间了解论文的主要内容，决定是否阅读论文。精彩的摘要是吸引读者跨入的大门，同时也可方便二次文献工作编制文摘刊物时引用。摘要应能全面反映论文的要点，简洁、明确，能独立成文。摘要的字体和正文字体应区别开。

1. 摘要的内容

摘要一般应包含以下内容。

（1）研究课题的前提、目的、范围、研究对象的特征以及与其他同行研究的相异之处。

（2）研究内容和采用的原理与方法。

（3）主要结果及其实用价值。

（4）一般结论及后续研究方向。

摘要只能用第三人称来写。摘要中不应出现图表、公式，也不应出现注释和评论。

2. 摘要的构成要素

摘要的具体内容随不同的论题而有所不同，但一般都是由研究目的、研究方法、研究结果以及结论四部分组成，其中研究结果、结论是重点，是摘要必不可少的部分。

1）研究目的

研究目的着重陈述和说明研究的前提条件、主要内容，以及研究所涉及的主题范围或要解决的问题。除非可根据毕业论文题名而使读者明确其研究目的，或者从摘要的其他部分能推知其目的，否则都应在摘要中阐明研究工作的目的、主题范围和作者的写作意图。在研究目的这一要素中，可包含研究背景及作者出于何种考虑、意欲解决什么问题、在何种条件和情况下进行研究等内容。

2）研究方法

研究方法是介绍和说明研究的途径，以及所采用的技术手段或方法，包括理论，假设条件或边界条件，采用的模型，实验范围，所使用的主要仪器、设备，等等。对于新技术，则应描述其基本原理、应用范围、技术精度和允许误差等。但摘要对技术手段和方法的介绍应适可而止。

3）研究结果

研究结果主要介绍研究的成果，说明做的结果如何。所获得的研究结果可以是理论性结果，也可以是搜集的数据、关系式及观察到的效应等，如观察结果、检测结果、调查结果、统计分析结果及论证结果等。对数据要分清是原始数据还是推导数据；对实验结果要分清是单次还是重复测试结果，并指明其精度、可靠性及应用范围。如果研究成果多且全部写出有困难，则应列出新的且已被证实的结果、有长远意义的成果、重大发现、作者认为与实际问题有关的结果等。

4）结论

结论是介绍对结果的分析、比较、评价、应用，说明由此得出的结论、提出的问题，说明今后的课题、假设、启发、建议和预测等。

结论应阐述成果蕴含的意义，要特别注意结论与研究目的的联系。结论中还可包括一些推荐、建议、评价、应用、新关系式或持异议的假设等。要注意研究结果与结论的区分：研究结果是发现了什么，而结论是说明了什么。研究结果和结论是摘要的重点，摘要不可缺少研究结果和结论。

3. 摘要的写作要求

1）要素齐全

摘要编写应要素齐全，具备独立性与自明性，应客观如实地反映论文内容，不要对论文内容做诠释和评论。尤其不要对论文做自我评价，不要使用评判式的自我炫耀和标榜的语句。在写作摘要时，注意摘要并不是千篇一律地由上述四部分构成要素组成。不能机械地理解摘要的要素齐全，应按论文的具体内容灵活运用，切忌生搬硬套。

2）言简意赅

摘要应着重反映新内容和作者特别强调的观点，集中反映所做的工作、获得的成果和作者的观点，无须自我评价，不应对自己论文的成果进行渲染与夸张，不得简单地重复题名中已有的信息，要排除在本学科领域已成常识的内容。切忌把应在引言中出现的内容写入摘要，或者罗列层次标题来拼凑摘要。摘要书写要合乎语法，语义要确切简明，慎用长句，句型应力求简单。每句话要表意明白，无空泛、笼统、含糊之词。但摘要毕竟是一篇完整的短文，电报式的写法亦不足取。要尽量采用规范化的专业术语和名词（包括地名、机构名和人名等）。尚未规范化的语词要在论文中加以解释，商品名应加注学名，缩略语、略称、代号在首次出现处应加以说明。

3）结构严谨

摘要表达要结构严谨。摘要先写什么，后写什么，要按逻辑顺序来安排，尽量同作者的文体保持一致，以方便读者快速查阅。句子之间要上下连贯，相互呼应。

4）格式规范

摘要一般不分段落，通常用文本文字来书写。无论是论文的目的、任务等涉及主体范围的，还是研究的方法、原理、结果与结论，均应在一个段落中表现。摘要应采用第三人称的写法，不得使用"本人""作者""笔者""本文""我们""我们课题组"等作为主语；应采用省略主语的句型，如"对……进行了研究""报告了……现状""进行了……调查"等记述方法。摘要一般不用数学公式和化学结构式，不要使用不必要的复杂符号，不应出现插图、表格及参考文献序号。这样以便于摘要被其他载体引用和传播，从而扩大影响范围。

（5）繁简适当

摘要的繁简要根据论文的内容、类型、学科、领域、信息量、篇幅、语种、获得的难易程度和实际需要确定，其中论文内容是决定性因素。摘要过于简单，信息量不足，就不能反映论文的主要内容；摘要过于繁杂，超过四部分构成要素，就不能有效发挥摘要的作用。毕业论文中文摘要的字数，一般限定为毕业论文总字数的2%～5%。

毕业论文写作时还应注意一些其他要求。如应采用国家颁布的法定计量单位，正确使用语言文字和标点符号，等等，也同样适用于毕业论文摘要的编写。目前在摘要编写中的主要问题有：要素不全，或缺目的，或缺方法；出现引文，无独立性与自明性；繁简失当；等等。

4. 摘要的翻译

联合国教科文组织规定："全世界公开发表的科技论文不管用何种文字写成，都必须附有短小精悍的英文摘要。"把论文摘要译成英文，方便对外交流，体现科技成果的资源共享。

外文摘要一般出现在中文摘要后面，亦可放在正文后面。其内容为题目、作者、单位及原中文摘要内容。中文摘要译成英文时，可以原文照译，也可以扩充或压缩后翻译。篇幅不超过250个实词，动词时态通常用现在时，常用被动语态。

（四）关键词

关键词是为了文献标引工作，从论文标题或正文中选取的用以表示全文主题内容信息款目的单词或术语，是表达论文主题概念的自然语言词汇，是论文的文献检索标识。关键词应具有代表性、专指性、可检索性和规范性。

关键词选得是否恰当，关系到该论文被检索和被引用程度。本科毕业论文虽然不是以发表为主要目的，但同样必须符合毕业论文的规范性要求。要求毕业论文提供关键词，是规范学生论文写作的基本要求，以培养学生形成良好的写作习惯；同时，也可以从学生对关键词的提炼、概括情况看出他们对论文写作的投入程度和写作水平。

关键词不考虑文法结构，一篇论文中可选择3～8个关键词（一般毕业论文的关键词为3～5个），但未必能表达一个完整意思。关键词与主题词有所不同（主题词经过规范化处理）。同一篇论文中的关键词不能有同义词。关键词作为论文的一个组成部分，列于摘要之后。关键词之间用分号隔开，并要求书写与中文对应的英文关键词。

小资料

关键词的有关规定

《学位论文编写规则》（GB/T 7713.1—2006）规定："每篇论文应选取3～8个关

键词，用显著的字符另起一行，排在摘要的下方。关键词应体现论文特色，具有语义性，在论文中有明确的出处。并应尽量采用《汉语主题词表》或各专业主题词表提供的规范词。"

（五）目录

目录是在作者完成论文定稿后，列明论文各章节的标题和所在页码的简表，是论文各组成部分的索引。是否设置论文目录，一般根据论文的篇幅而定。篇幅较长的毕业论文，内容的层次较多，整个理论体系庞大复杂，故通常设置目录；短篇论文则不必设置目录。目录一般放在摘要与关键词的后面，论文正文的前面。

1. 设置目录的目的

论文目录依据论文中的各级小标题依次排列，清晰地显示文章的层次，便于读者从整体上把握文章的逻辑体系，使读者能够在阅读该论文之前，对全文的内容结构有一个大致的了解。

论文目录排出论文各章节的小标题，并标明标题所在的页码，方便读者阅读。特别是当论文篇幅较长、内容的层次较多时，目录为读者选读论文有关部分提供方便。当读者需要选读论文中的有关部分，就可以依靠目录查找而节省时间。

2. 目录的写作要求

目录是论文的导读图，要使目录充分发挥导读作用，避免出现标题遗漏、标题及页码与正文的标题及相应页码不一致等问题，必须注意以下三点。

第一，准确无误。目录必须与全文的纲目一致。也就是说，论文的标题与目录存在着一一对应的关系，必须严格保持一致。

第二，清楚。目录应注意标注该行目录在正文中的页码，标注页码必须清楚、明晰。

第三，完整。目录既然是论文的导读图，就必然要求具有完整性。论文的各项内容都应在目录中得到反映，不得遗漏。论文目录内容一般包含论文正文章节、参考文献、后记、附录等。同时，标题和页码必须与正文一致。应先打印正文，再对目录进行校对，以便避免遗漏等问题发生。

3. 毕业论文目录的格式

毕业论文目录与毕业论文提纲有所不同。毕业论文提纲是作者在进行毕业论文写作之前对毕业论文的主要内容、写作思路和篇章结构进行整体构思而形成的一种设计。在毕业论文的写作过程中，会根据需要对提纲进行修订，使内容更加深入和详细。毕业论文提纲一般不需要标注页码；即使标注了页码，也只是对页码的初步分配。毕业论文目录则是在论文定稿后，将已确定的章节标题按页码顺序进行排列。毕业论文目录一般只需要排列二级标题，即章和节，不需扩展到三级标题和四级标题。

毕业论文目录必须清楚无误地标明页码，应按内容顺序逐一标注该行标题在正文中的页码。目录构成内容包括序号、章节、标题和页码。序号、章节标题从左列起，页码从右列起，中间用制表符前导符（多用圆点）连接。

（六）引言

引言又称前言、绪论、导言或序言，它是论文的开头部分，主要交代课题的由来、目的、意义及其结论，文字应简明扼要。

1. 引言的主要内容

引言一般包括以下内容。

（1）课题研究目的、范围以及他人在相关领域的研究概况。

（2）课题的研究过程、方法及其理论基础与实验依据。

（3）研究结果及其意义。

2. 引言写作注意事项

写作引言要注意以下几个方面。

（1）开门见山，简明扼要，以200～300字为宜。

（2）顺序井然，条理清楚，表述客观。慎用"首创""开辟新领域""填补了……的空白""国内外领先""构建了……的理论体系"等自夸之词，也不要写"不吝赐教""抛砖引玉"等俗套话。

（3）不要把引言写成提要的克隆或是提要的扩充。

（4）介绍文献时，要用自己的语言进行概述，不宜大段引用别人的原文。

小资料

文献综述

通常，毕业论文在开始会有一个专门部分对选题已有研究进行综述，以阐明所写主题的国内外研究现状，使自己的后续研究"站在巨人的肩膀上"。文献综述在硕士、博士学位论文中会是一个单独的章，在本科毕业论文中可以缩减为一个自然段。此外，我们在期刊上也经常会看到专门的文献综述型论文。文献综述是我们对论文主题相关的研究资料（如论文、专著等）进行阅读后，经过消化理解、整理、综合分析与评价形成的内容。

一、文献综述的结构

文献综述主要是为了介绍与研究主体相关的详细资料动态和进展，以及作者对上述方面的评价。因此，文献综述通常包含以下三个部分。

（1）前言部分，主要是介绍有关概念及综述范围，扼要说明有关主题的现状或争论焦点。

（2）主体部分，也是综述的主体。其写法多样，没有固定的格式。可按时间顺序综述，也可按问题分类综述，还可按不同的观点进行比较综述。不管用哪一种格式综述，都要将所收集到的文献资料归纳、整理及分析比较，阐明有关主题的历史背景、现状和发展方向，以及对这些问题的评述。在进行综述的时候，可以适当地使用统计表和图，使研究的问题和变化的特点更加直观。

（3）总结部分，是对综述主体的扼要总结，提出已有研究的不足，并最好能提出自己的见解。在毕业论文中，综述的末尾需要引出自己的研究主题。

二、文献综述撰写注意事项

（1）内容客观全面。文献综述的撰写是以研读大量文献为基础的，要求对研究现状做全面的阐述。如果文献不够全面，综述很难做到客观公正。

（2）关注重点文献。不同类型和出处的文献价值不同，要对文献进行筛选，选用具有代表性、可靠的文献，去掉重复、雷同、不可靠、无价值的文献。

（3）做好文献目录登记。要及时整理文献，对其进行分类，记录文献信息。我们在论文撰写的前后都要阅读大量的文献，如果不及时整理，事后很容易找不着相关文献，所以应及时记录。可以做题目列表来记录文献的标题、作者、主题和出处等。同时对于特别重要的文献，不妨做一个读书笔记，摘录其中的重要观点和论述，方便正式写作时查找引用。

（4）引用文献要忠实原文。文献综述有作者自己的评论分析，因此在撰写时，应分清作者的观点和原始文献的内容，不能断章取义，篡改原始文献的内容。另外，我们要尽量阅读作者原文，不要间接转引文献。

（七）正文

正文是一篇论文的本论，属于论文的主体，占据着论文的最大篇幅。论文所体现的创造性成果或新的研究成果，都将在这一部分得到充分的反应，因此要求这一部分内容充实，论据充分、可靠，论证有力，主题明确。

一般来说，正文可以包括以下部分或内容：调查和研究对象、实验和观测方法、仪器设备、材料原料、实验和观测结果、计算方法和编程原理、数据资料、经过加工整理的图表、形成的论点、导出的结论等。当然，其中的结论可以单独设一部分（如单独设一节）展开叙述。正文的段落和划分应视论文性质与内容而定。对此，《学位论文编写规则》（GB/T 7713.1—2016）提出要求："主体部分由于涉及的学科、选题、研究方法、结果表达方式等有很大差异，不能做统一的规定。但是，必须实事求是、客观真切、准确完备、合乎逻辑、层次分明、简练可读。"

1. 正文的写作要求

正文是论文的核心部分，必须做到论点准确、论据有力、论证充分。

1）论点准确

论点准确除了与作者的表达能力有关外，最关键的影响因素还在于研究工作的深度和广度。论点准确，应当体现在文字的严谨、明晰和条理上。如果发现自己的论点别人早已陈述过，可有两种做法：一是综合别人的意见，用不同的材料佐证；二是更换材料变换论述角度，形成新观点。

2）论据有力

无论理论论据或是事实论据，要想有力，都要做到两点：一要典型，能深刻揭示事物的本质规律，足以使人信服；二要准确，引用的事例、名言、数据、文献等必须出处明确、引用完整，避免产生歧义。

3）论证充分

一篇好的论文除了有准确的论点、有力的论据之外，还得有充分的论证。否则，论点就成了孤立的观点，论据也只是零散的材料，论文自然缺乏逻辑性和说服力。论证可分为直接论证和间接论证。

直接论证主要从正面进行论述。如果用演绎法，可从一般向特殊进行推导，由公认的原理为依据，推出它与论点的内在联系，从普遍性上证明论点的成立。如果用归纳法，可从特殊向一般进行推导，以具体的事实为依据，归纳出它们论点的共同点，从而证明一般性的结论成立。

间接论证主要从论点的反面或侧面入手，运用反证法、类比法等方法。反证法是通过证明相反的论点不能成立，从而证明自己的观点成立。类比法是从侧面论述，通过比较相同或相类似事物某些属性后得出结论。其形式有：一是通过同类事物来比较，由已知的相同属性推导出另一属性相同；二是通过设喻来类比，以喻体来形象地证明本体（即自己）的观点正确。

论证中只有根据具体的论点、论据灵活地使用论证方法进行综合分析，才能达到论点、论据的高度统一。

2. 正文的写作方法

1）标题式写法

采用标题式写法写作正文，就是在论文的总标题下分别设计出若干小标题，然后将搜集的资料分别按小标题的意思归纳、整理出文字，即成论文。小标题可以是单词或短语，它们在语法上是平行的，属于同一层次。小标题越具体越好，否则写出的内容也同标题一样空泛。

编写提纲，首先要考虑拟写的提纲应能从最佳角度说明主题。如根据占有的资料，是从实验角度、计算角度还是从理论角度才能更好地说明问题？经过分析之后，再拟出恰当的分标题。其次，要考虑文章的布局如何有利，先说什么、后说什么才能使论题一清二楚、层次分明。再次，应考虑什么样的小标题（提纲）可以最大限度地利用收集的资料。这实际上也是写作的构思问题，构思巧，立意新，写出来的论文说服力与吸引力就强。要尽量使拟定的标题（提纲）有利于揭示材料之间的内在联系，有利于揭示论证的内在本质属性，并能紧密围绕中心论题展开论证。

拟定标题（提纲）时，还要考虑论文的结构，使正文能够反映与论文有关的科学研究的推理过程，文章本身的逻辑性自然也在考虑之中。文章结构直接影响论文布局，而布局对于组织应用写作材料是非常重要的，这些都要在拟定标题（提纲）时加以注意。通常把论文的主旨放在开头，使论证的细节依次展开，而把结论部分放在末尾。这样就形成了如下提纲：引言、方法、讨论、结果等。这种传统方式固然可以使不少人写起来得心应手，但也存在着一些弊病。例如，最容易犯的毛病是把讨论、论证与所得结果割裂开来，干巴巴地列上几条结论。实际上，在论证时，应该把通篇论文看成一个整体，以理论推导、实验和时间为依据，按照逻辑推理写成。科学研究工作就是这样进行的，认识的提高也是基于时间的积累和逻辑推理能力的养成。所谓论文，当然应着重在"论"上下功夫。

2）中心句式写法

所谓中心句式写法，就是在拟定提纲时，先根据论题与论据提炼出若干表达论文主要内容的句子（即中心句），按照层次，即按照论文展开的逻辑理顺和选择中心句，列出句子式写作提纲。通常，一个中心句可以展开为一个文章的段落，把与中心句有关的细节补充到段落中，也就是用各种细节支持中心句所表达的意思，即可写成论文。

中心句是一个完整的句子，表达一个完整的意思。它的提炼应该比设计分标题更难一些。但是，拟就了中心句（提纲）以后，文章也就好写了。这种写作方式近年来应用较多。

中心句提炼得好，可以使读者在阅读论文时知道这些文字说明什么意思，帮助读者很快地理解这一段落的内涵。中心句的文字表达方式应有所变化，不一定都用直陈式句子，以避免给读者造成重复、呆板的感觉。

中心句的提炼要求作者很清晰地掌握论文的论点，并且很科学地决定论文的层次与论证方法。为了不致淹没中心句，应考虑格式上的美学要求以及读者的心理要求，每段文字不宜过长。在交替使用图表、计算公式等的情况下，应把中心句分解成若干小中心句，并逐步进行阐述。

细节的描述（即对中心句起着支持性、补充性作用的描述）非常重要，它们用各种方式、从各种角度对中心句进行强调和支持。凡是与中心句所表达的意思有关的原理、定律、定义，有关的表达式、计算式、函数式，有关的原理图、线路图、曲线图，有关的设备、装置，有关的实验、数据、资料，有关的注释、说明、参考文献，等等，都可以看作是论文的细节。也就是说，一个中心意思的展开，可以用文字强调、解释，用定律、定义从理论上证明，也可用计算进行验证，用图表进行表达。细节的收集就是材料的收集，细节的组织就是对占有材料的利用，细节的描写就是对占有材料的表达。对于中心句式（提纲）论文的写作方法，可以归纳为中心句的提炼与细节的描写。

显然，与提纲相比较，中心句与正文有着更直接的联系，它对有关正文的写法与写作深度都具有决定性的作用。

3）理论型论文的写法

理论型论文的正文没有固定格式，它的结构形式千变万化，但论文各个部分之间应该有紧密的联系，体现一定的逻辑关系。这种逻辑关系可以是并列的横式关系，即将研究的问题划分为若干并列的方面进行论述；也可以是逐层深入的纵式关系，即按照从现象到本质，从原因到结果或从结果到原因等逻辑顺序进行论述；还可以是并列和层进相结合的纵横交织的关系。

完全以抽象的理论为研究对象的理论型论文，其正文常见的结构形式有证明式、剖析式和运用式。证明式是先给出定义、定理，然后逐一证明；剖析式是将原理或理论分解为一些方面逐项研究；运用式是先给出公式、方程或原理，然后进行计算推导，最后运用于实例进行测定。

以观测资料和文献资料为研究对象探讨规律的理论型论文，其正文常见的结构形式有时间式、空间式和现象本质式。时间式是以写作时间先后和事物发展过程为顺序的结构；空间式是以事物的方位和构成部分为顺序的结构；现象本质式是先摆出观测的现象和有关资料，然后进行分析，找出本质和规律的结构。

除上述结构形式外，还有以因果、特征、组分、性质、种类、功能、作用、意义为顺序的各种结构形式。这些结构形式有时还会复杂地交织在一篇论文中。理论型论文的正文结构不论怎样复杂，都应该是事物本身的逻辑顺序和人们认识条理性的反映。

4）实验型论文的写法

实验型论文的正文一般由材料和方法、结果和讨论三个部分组成。有时方法和结果可以合为一个部分，有时结果和讨论可以合为一个部分，有时只需有结果和讨论，有时只需有方法和结果。

材料和方法是为了向读者介绍获得成果的手段和途径，也是作者从事研究工作的思想方法、技术路线和创造能力的具体反映。一般来说，要获得创造性研究成果，首先要有创造性的实验和方法。当然，也有一部分研究工作是利用别人的实验，而观察到别人所没有观察到的结果。在这种情况下，材料和方法这一部分可以省略，只需在结果部分做简略说明。材料和方法这部分的内容如下。一是介绍实验用的材料，包括材料的来源、产地，材料的制备、加工方法，材料的性质、特性，材料的代号、命名等。如果实验的对象是人，应将小标题改为"对象和方法"。二是介绍实验的设备、装置和仪器，包括它们的名称、型号、精度、纯度、生产厂家、性能特点等，使用的装置和仪器不是标准设备时必须注明，并对其测试精度做出检验和标定。如果是自己研制的设备，或对已有设备做了改进，应着重说明，讲清设计的理论根据，并画出原理图或构造示意图。三是介绍实验的方法和过程，包括创造性的观察方法、观察结果、结果的运算处理方式和公式、实验过程中出现问题的处理方法、操作应注意的问题、观察结果记录的方法和使用的符号等。

结果是实验过程所观测到的现象和数据，它是实验型论文的核心内容。一篇实验型论文，只要报道的结果真实无误，读者就可以自己去分析讨论。专家阅读这类论文的正文时，首先关注的是结果，其道理就在这里。

结果部分包括实验的产品、实验过程所观测到的现象、实验仪器记录的图像和数据，以及对上述现象、数据进行初步统计和加工后的有关资料等。这部分的写作要求如下。一要准确精细。二是论文中写的结果不是实验结果的照抄，要经过认真的处理和选择。三是实验结果要按照一定的逻辑顺序编排。这样做不仅能使论文条理清楚，增强可读性，而且体现着论文的科学性。在很多论文中，结果排列的顺序本身就明显地反映出一定的规律。四是要尽量通过图表表达。结果部分要罗列大量数据和资料，采用单纯叙述的方法往往使人感到枯燥厌烦，也很难叙述清楚复杂的资料，采用图表说明则可获得满意的效果。使用图表时要注意，凡是图表已清楚表明的问题，不要再用语言文字重复详述，只需做扼要归纳，结果有时同方法合为一个部分。这种情况主要由于材料和方法部分比较复杂，篇幅较长，而结果却相对简单，没有必要独立为一个部分。

讨论是对实验方法和结果进行的综合分析和研究，又称分析和讨论。只有通过讨论，才能获得对结果的规律性认识，并借以指导一般。因此，讨论部分体现着论文写作的基本目的。实验结果经过讨论后，所获得的认识或结论不同：前者是具体的现象，而后者是理论升华；前者是感性认识，而后者是理性认识。作者创造性的发现和见解，主要是通过讨论部分表现出来的。讨论部分一般包括对方法和结果两方面的研究。要从论文内容需要出发，决定讨论什么、不讨论什么、什么要着重讨论。有时要详写，或进行严密的推理，或引经据典给予说明，或同其他人的研究进行比较，或运用数学公式演算推导；有时只要略写，或对结果进行简洁的归纳，或说明结果的作用和意义。虽然写法上有繁简之分，但都必须以实验结果为基础，以理论为依据进行科学的分析。既不要局限于旧说和成见，又不要轻易否定别人的观点。要防止武断和感情用事，防止凭个别的材料得出符合逻辑的一般结论。不要回避存在的问题，对不符合预想的实验结果要做说明和交代。

论文有时将讨论同结果合在一起写，其原因如下。一是要讨论内容单薄，无须另列一个部分。二是实验的几项结果独立性大、内容多，需要逐项讨论。这时，先说明一项结果，紧接着进行讨论，然后再说明一项结果，再进行讨论，条理更清楚。

（八）结论

结论是在理论分析与实验结果的基础上，经逻辑推理而得出的最终结果，是对正文部分的主要观点所做的科学概括。在结论中，还可以增加尚待解决的问题和研究展望。切忌将结论写成正文各段小结的简单重复，也不能只是谈几点体会，或者提几句口号。结论应该突出新发现，体现作者更深层次的认识，且是从整篇论文的全部材料出发，经过推理、判断、归纳等逻辑分析过程而得到的新学术总观念、总见解。要用词严谨、精炼、明确，不能用"可能""大概"等模棱两可的词汇。如果结论中包含建议，切记一定要有的放矢，不要提出没有证据支持的建议，不要说大话、说空话，不要过度推演。

毕业论文的结论部分大致包括以下几项内容。

1. 归纳论证结果

在结论中，作者应对全篇文章所论证的内容做一个归纳，提出自己对问题的总体性看法和意见，简明扼要地概括全篇论文所得的若干重要结果，包括理论分析、模型建立及运算等结果，着重介绍作者本人的独立研究和创造性成果及其在本学科领域中的地位和作用。这部分要写得简要得体，使读者能明确了解作者独到见解之所在。而且结论必须是绪论中提出的、本论中论证的、自然得出的结果。毕业论文最忌论证得不够充分而妄下结论，要首尾贯一，成为一个严谨的、完整的逻辑构成。

2. 指出进一步研究的方向

个人的精力是有限的，尤其是作为学生对某项课题的研究所能取得的成果也只能达到一定程度，而不可能是顶点。所以在论文结论部分，作者往往不仅概括自己的研究成果，而且还要指出课题研究中所存在的不足，为他人继续研究指明方向，提供线索。

（九）引文和注释

1. 引文

论文写作是在借鉴前人研究成果的基础上进行的一种创新活动。一项科学研究取得的新成果，通常是在前人成果基础上取得的新进展，它体现着科学研究的继承和发展。如基于已有的理论、方法、思想、实验手段等，自己的研究获得了新进展，有了新发现；或是将一个学科中的方法移植到另一学科中，取得成功；或是对已有方法做了改进。当在论文中叙述研究目的、设计思想、建立的模型与已有结果进行比较的时候，就要涉及已有的成果。而引文就是借鉴前人研究成果的一种方法。用引文来代替、说明、辅助思想的表达，在毕业论文中是常见的。有的引文可以作为文章的观点，有的可以用做分析、阐述，多数情况是用来充当论据的。在论文中涉及前人或他人研究成果的地方，要登载这个成果文献及出处，这种做法叫作引用参考文献。引用了参考文献，就要在涉及前人成果的地方做一个标记，见到此标记，读者就知道在这里引用了参考文献。按照这个标记，在参考文献表中就能找到刊登这个成果详细内容的文章的信息。在正文中引用参考文献的地方加的标记，称为参考文献的标注。引文主要包括引用原文和引用原意两种。

1）引用原文

引用原文主要是为了充实文章的内容，用具有权威性的思想来代替自己所要表达的思想；或是作为论证的论据，以起到强化主题思想的作用。文中凡有引文的内容，引文部分必须前后加上引号。引用原文的形式一般采用行中引，主要包括两种具体引法。

（1）引文部分在行文本身中可构成完整意思的，要在引文后的引号内点上原文的语义终止符号（如"。"等）。

（2）引文本身不能构成行文中的完整意思，须与自己的阐述结合在一起才能表达完整意思的，则引文时只加引号，无论原文原有的标点是什么，引文内部不要添加标点，要在引号之外加上行文所需的标点符号。

2）引用原意

当引用的原文文字量较多，或综合多人相同的意见时，一般采用引用原意的形式。引用原意可以不用引号，而只用冒号，有时也可以用逗号。引用原意要注意完整理解原作者的观点，并融合于行文的思想表述中。虽然不加引号，但要注明其原意引自何处。

引文的基本要求有以下三点。

（1）引文要适度，不要过度引用。引文是论证的辅助手段，不能完全代替作者所要表述的观点，论文应尽量多地使用作者自己的语言。引文要少而恰当。引用过多则容易使文章松散，影响主体内容的连贯性和完整性；同时，过多的引文还会引起读者的猜疑和不快情绪。只有在非引用不可，引用了确有效果，或用自己的话解释效果不佳，或权威性的言论和令人信服的证据之类不引不足以说清问题时，才引用。

（2）引文要忠于原意，不能断章取义。引文是取别人的观点来证明和解说自己的思想，必须忠于原意。不管是引用原文还是引用原意，都要做完整的表述。特别是成段地引用原文、原意时，只有自己真正理解、完整把握了，才能引用。不能为了装门面、显示高深而不加消化地引用，更不能为了迎合自己的观点而断章取义地引用。

（3）引文要融入论文，不要貌合神离。引文中的内容要与论文作者需表达的思想合拍、融合，真正成为论文的组成部分，与全文和谐一致。

2. 注释

正文中引用他人的观点、原话、主要数据等，必须标明出处，或需要对某一特定内容做进一步解释或补充说明，可以通过注释进行加注说明。下面就注释内容、方法，以及注释与参考文献的区别进行说明。

1）注释内容

需要加注释的内容有以下三点：一是引用他人的观点或原话作为毕业论文的理论论据时，应对所引用的观点或原话的作者、著作或文章的名称、出版单位、页码等加以注释；二是各种统计数据是毕业论文的事实论据，要求真实可靠，对所引用的主要数据要注明来源，以确保数据可进行查验；三是对毕业论文中的某一特定内容需要做进一步解释或补充说明时，可以加注说明。

2）注释方法

注释的方法有行中注、页下注和篇尾注三种。

（1）行中注。行中柱又称加注，即在原文之后用括号的形式注明原文的作者、著作或文章的名称、出版单位、页码等。基本顺序是作者、篇名、书名（或文章名）、出版单位、版本、页数。作者姓名后用冒号；书名或文章名称用书名号；出版单位、版本、页数之间用逗号断开，最后可不加句号。整个加注用括号与行文区分开。

（2）页下注。页下注又称脚注，即在同一页稿纸的页面底端注明原文、数据的出处或需要进一步解释的内容，编号方式是在原文末端右上角标出①、②、③……引文序号以页为单位，每页重新编号。页下注的写法格式与行中注相同。

（3）篇尾注。篇尾注又称尾注，即在全文后面集中标明引文的出处。与页下注不同的是，它将全文的引文从前至后按顺序统一编号，其他要求与行中注相同。

三种注释方法各有特点，采用何种方法加注，要视全文的注释情况而定。通常情况下，全文引文不多，使用行中注可以给人以直观的感觉；如果引文较多，行中注若过多，会影响论文格式的美观，读者阅读时也费力，最好用页下注或篇尾注的形式；而篇尾注则容易将注释与参考文献混在一起。

毕业论文写作中的注释必须规范，一律采用页下注，自动插入格式，每页重新编号。注释要件及顺序依次为作者姓名、书名或文章名、出版单位、出版时间、页码等。

3）注释与参考文献的区别

注释不同于参考文献，两者有一些共同点，但区别更多。

参考文献是作者对他人知识成果的承认和尊重，是指导教师和答辩小组成员了解学生阅读资料的广度作为审查毕业论文的一种参考依据，也是方便作者和读者查找、查阅相关观点和材料的基本依据。注释则是在对正文中引用他人的观点及原话、主要数据等注明出处，或对某一特定内容做进一步解释或补充说明。

参考文献一般集中列表于文末，序号用方括号连续标注，其格式一般按照《信息与文献　参考文献著录规则》（GB/T 7714—2015）的规定进行著录。著录项目包括文献作者、文献题名及版本、文献类型及载体类型标识、出版项、文献出处、文献起止页码等。而注释一般排印在该页页脚，用数字加圆圈标注（如①、②……）。对于注释的规范格式，虽然没有做统一的规定，但注释的要件，包括引文的作者、著作名或文章名、出版单位、页码等的顺序及写作规范与参考文献要求基本相同，基本格式可按《信息与文献　参考文献著录规则》（GB/T 7714—2015）的规定进行著录。

（十）致谢

致谢是感谢对论文做出贡献的组织和个人的文字记载。毕业论文的完成需要很大的工作量，需要来自多方面的支持，特别是论文指导教师以及其他为论文研究提供支持、协作和指导的个人和机构，如老师、家人、朋友、同学、同事等。这些个人和机构应该在论文的致谢部分体现出来，指出他们的工作内容和贡献，并且通过这种方式表达作者对他们的谢意。致谢是毕业论文中唯一可以抒发感情的部分。

（十一）参考文献

参考文献又称参考书目，是为撰写论文而引用的有关文献信息资源，是指学生在撰写毕业论文过程中所查阅参考过的重要著作和报纸杂志，是毕业论文的重要组成部分，一般列于论文的末尾。

对于一篇完整的毕业论文，参考文献是必不可少的。按规定，在毕业论文中，凡是引用前人或他人（包括作者本人）已发表文献中的观点、数据和材料等，都要在引用处予以标明，并在文末（结论之后，如有致谢，则在致谢之后；或按毕业论文模板格式写作要求）列出参考文献，这一工作被称为参考文献的著录。

著录参考文献可以反映论文作者的科学态度和论文所具有的真实、广泛的科学依据，也反映出该论文的起点和深度，是老师了解学生阅读资料的广度，审查毕业论文的一种参考依据。著录参考文献能方便地把论文作者的成果与他人的成果区别开来，这不仅表明了论文作者对他人的知识成果和劳动的尊重，而且也免除了抄袭、剽窃他人成果的嫌疑。读者通过著录的参考文献，可方便地检索和查找有关图书、资料，可对该论文中的引文有更详尽的了解。

1.参考文献的著录原则

1）著录最主要、最有代表性的文献

著录的文献要精选，一般仅限于选取与本论文密切相关的、对自己完成本论文起过重要参考作用的专著、论文及其他资料，切忌轻重不分，开列过多。通常期刊论文的参考文献应有10条以上，本科毕业论文中参考文献应不少于20条。

2）重点著录公开发表的文献

公开发表是指在国内外公开发行的报刊上发表，或在正式出版的图书上发表。通常不引用专利、普通书籍（如高校教材等），以及在供内部交流的刊物上发表的文章和内部使用的资料。不宜公开的资料一般也不能作为参考文献引用。

3）采用规范化的著录格式

关于文后参考文献的著录格式，已有国际标准和国家标准做出规范，论文作者和期刊编者都应熟练掌握，严格执行。

4）采用"顺序编码制"著录参考文献

顺序编码制是《信息与文献　参考文献著录规则》（GB/T 7714—2015）规定的著录方法，为我国科技期刊所普遍采用，即根据作者在论文中所引用的文献按其在文中出现的先后顺序，用阿拉伯数字加方括号连续编码，附于文末。

2.参考文献著录项目

参考文献著录项目应包括以下部分。

1）专著

（1）主要责任者。

（2）题名项，包括题名、其他题名信息、文献类型标识（任选）。

（3）其他责任项（任选）

（4）版本项。

（5）出版项，包括出版地、出版者、出版年、引用页码、引用日期。

（6）获取和访问路径（电子资源必备）。

（7）数字对象唯一识别符（电子资源必备）。

2）专著中的析出文献

（1）析出文献主要责任者

（2）析出文献题名项，包括析出文献题题名、文献类型标识（任选）。

（3）析出文献其他责任项（任选）

（4）出处项，包括专著主要责任者、专著题名、其他题名信息。

（5）版本项。

（6）出版项，包括出版地、出版者、出版年、析出文献的页码、引用日期。

（7）获取和访问路径（电子资源必备）。

（8）数字对象唯一识别符（电子资源必备）。

3）连续出版物

（1）主要责任者。

（2）题名项，包括题名、其他题名信息、文献类型标识（任选）。

（3）年卷期或其他标识（任选）

（4）出版项，包括出版地、出版者、出版年、引用日期。

（5）获取和访问路径（电子资源必备）。

（6）数字对象唯一识别符（电子资源必备）。

4）连续出版物中的析出文献

（1）析出文献主要责任者。

（2）析出文献题名项，包括析出文献题名、文献类型标识（任选）。

（3）出处项，包括连续出版物题名、其他题名信息年卷期标识与页码、引用日期。

（4）获取和访问路径（电子资源必备）。

（5）数字对象唯一标识符（电子资源必备）。

5）专利文献

（1）专利申请者或所有者。

（2）题名项，包括专利题名、专利号、文献类型标识（任选）。

（3）出版项，包括公告日期或公开日期、引用日期

（4）获取和访问路径（电子资源必备）。

（5）数字对象唯一识别符（电子资源必备）。

6）电子资源

（1）主要责任者。

（2）题名项，包括题名、其他题名信息、文献类型标识（任选）。

（3）出版项，包括出版地、出版者、出版年、引用页码、更新或修改日期、引用日期。

（4）获取和访问路径。

（5）数字对象唯一识别符。

3. 参考文献类型及其标识代码

根据《信息与文献　参考文献著录规则》（GB/T 7714—2015），参考文献类型及其标识代码如表6-1所示。

表6-1　参考文献类型及其标识代码

参考文献类型	文献类型标识代码
普通图书	M
会议录	C
汇编	G
报纸	N
期刊	J
学位论文	D
报告	R
标准	S
专利	P
数据库	DB
计算机程序	CP
电子公告	EB
档案	A
舆图	CM
数据库	DS
其他	Z

对于非纸质型载体的电子文献，当被引用为参考文献时需在参考文献类型标识中同时表明其载体类型。《中国学术期刊（光盘版）检索与评价数据规范》建议，采用双字母表示电子文献载体类型：磁带——MT，磁盘——DK，光盘——CD，联机网络——OL，并以下列格式表示包括文献载体类型的参考文献类型标识。

［文献类型标识/载体类型标识］如下：［DB/OL］——联机网上数据库；［DB/MT］——磁带数据库；［M/CD］——光盘图书；［CP/DK］——磁盘软件；［J/OK］——网上期刊；［EB/OL］——网上电子公告。

以纸张为载体的传统文献在引作参考文献时不必注明其载体类型。

4. 文后参考文献表编排格式

参考文献按在正文中出现的先后次序列于文后，以"参考文献"或"［参考文献］"作为标识。参考文献的序号前空两个字距，并用数字加方括号表示，如［1］、［2］……以与正文中的指示序号格式一致。参照《信息与文献　参考文献著录规则》（GB/T 7714—2015）。

5. 参考文献著录中的常见问题

在毕业论文参考文献著录方面存在不少问题，其中常见的问题主要有以下三种。

1）只列文献，不见标识

只列出文后参考文献表，未将参考文献序号标识在引文处。由于在引文处没有与参考文献表中一一对应的文献序号标识，使得文后列出的参考文献表只是一个摆设而已，无法起到参考文献著录的应有作用。

2）序号混乱，功能不清

采用顺序编码制著录参考文献时，要求所引文献在文中按出现的先后顺序进行编码，然后根据文中的序号标识，再编写与之一一对应的参考文献表。但有些毕业论文作者不按先后顺序编码，而是采用先列参考文献表，后将表中的著录序号注入文中的错误做法，结果使文中的序号标识混乱不堪，有时先出现的文献序号竟然比后出现的大。

文中参考文献的序号有两种不同的功能：一种是仅作为所引文献的标识，其序号及其方括号用上角标表示；另一种是作为语句的组成部分，其序号及其方括号是论文语法的组成部分，因而要用与正文相同的字号表示。有些作者由于对上述功能分辨不清，常将两者混淆起来。

3）项目不齐，标识错误

参考文献表著录项目不齐全是最普遍的问题。例如，缺少作者姓名或作者姓名著录不齐。根据规定，作者为3人或少于3人时，应全部列出；超过3人时，才用"等"字。但有些参考文献只写第一作者就用"等"字，将其他作者全部省略。缺少期刊卷号或期号，以及缺乏在原文献中的位置（起止页码）的现象更为常见。

标识错误在参考文献著录中也经常发生，如著译者姓名、题名或书名、出版地、出版年以及期刊的卷号和期号甚至页码等经常出错，张冠李戴。

这些错误发生的主要原因如下。一是有些作者在撰写毕业论文时，往往将别人论文中引用的参考文献标注在自己的论文里。在引用这些本人并未阅读的文献时，若原作者著录时缺项，作者就无法将项目补足。二是有些作者没有弄清楚科技期刊中卷和期的标识顺序，常将期标作卷，卷标作期，从而使读者无法查找原文献。三是有些作者在著录这些项目时粗心大意，没有仔细抄录。因此毕业论文作者必须认真对待参考文献的著录，以保证参考文献著录的准确性。

小资料

参考文献规范示例

［1］鲁威人.体育学［M］.北京：清华大学出版社，2016：59.

［2］新井节男.体育学［M］.谢小林，译.上海：文汇出版社，1988：102.

［3］陈国华.文化强国背景下的中华体育精神弘扬研究［D］.上海：华东理工大学，2018：27.

［4］柳鸣毅，王梅，徐杰，等.我国青少年体育重点工程建设与创新发展对策［J］.体育科学，2018，38（11）：17-27.

［5］夏敏慧，刘素芳.海南体育旅游开发模式及其选择的研究［C］//第八届全国体育科学大会论文摘要汇编（一）.北京：中国体育科学学会，2007：1031.

［6］郑法石.改革开放40年的中国体育［N］.中国体育报，2018-12-17（1）.

［7］汪涌，高鹏.锻造文化盛典：第29届奥林匹克运动会开幕式背后的故事［EB/OL］.（2008-08-08）［2008-08-08］.http://www.gov.cn/Jrzg/2008-08/08/content_1068096.htm.

（十二）附录

为了体现整篇论文材料上的完整性，若有些材料写入正文可能有损于行文的条理性、逻辑性或精炼性，可将其写入附录。可以作为附录编于论文之后，也可以另编成册的内容有：比正文更为详尽的理论根据、研究方法和技术要点的深入叙述，建议阅读的参考文献、题录，对了解正文内容有用的补充信息，等等；由于篇幅过长或取材于复制品而不宜写入正文的材料；不便写入正文的罕见的珍贵材料，如某些重要的原始数据、数学推导、计算程序、框图、结构图、注释、统计表、计算机打印输出件等。附录是毕业论文的补充项目，附于参考文献之后，并非每篇论文所必备。

一篇毕业论文可能长短不一，但从格式上讲，标题、作者及其所在单位、摘要、关键词、引言、正文、致谢、参考文献等项是毕业论文必不可少的内容。

（十三）结尾

结尾不是论文必备项目，视论文内容的具体情况确定，如提供有关计算机输入的数据、编排分类索引、著者索引、关键词索引等内容。

第二节　毕业论文的写作过程

社会体育指导与管理专业毕业论文写作主要包括编写题纲、撰写开题报告、论文的起草与修改、论文的编校、打印与装订等工作。

一、编写提纲

毕业论文提纲是由序号和文字组成的逻辑图表，是理论研究成果的概括总结，是关于毕业论文的主要内容、写作思路和篇章结构的基本构思，是毕业论文篇章构成的基本逻辑框架，是毕业论文写作的依据和修改的标准。编写提纲是梳理思路、帮助记忆、完善布局的手段，同时也是避免遗漏、安排结构的必要准备。编写提纲的过程是作者反复思考，不断进行补充、取舍、增删和调整的过程，是由略到详、逐步修改完成的。

（一）编写提纲的意义

毕业论文的写作需要用大量的资料、较多的层次、严密的推理来展开论述，多方面阐述论据，论证观点。因此，构思谋篇非常重要。一个可行和严谨的写作提纲，可以帮助作者有条理地组织材料、展开论述，避免写作上出现大的失误。具体来说，编写提纲的意义主要体现在以下四个方面。

1. 有利于明确写作思路

撰写任意一篇论文，在动笔之前都必须做充分的准备，更何况是一篇毕业论文。通过编写提纲，作者能考虑各方面的因素，可以把零散的、朦胧的观点和材料明确化、系统化，使其有机地结合起来，从而使思路明确、畅达连贯。同时，根据提纲行文，随着文字的流畅及思路的深化，作者可能会有新的见解、新的发现，使原来的设想和观点得到修正和补充。

2. 有利于论文的谋篇布局

提纲确定之后，写作时就可以做到心中有数，有所遵循，使写作内容处于可控状态和预期之中，于何处收、何处展，于何处详、何处略，都胸有成竹，写起来得心应手，游刃有余，避免"下笔千言，离题万里"的情况以及松散凌乱、脱节游离等弊病，同时也有利于随时调整和修改。一般从论文提纲就可以判断整篇论文的结构是否完整，逻辑是否严密，段与段之间的联系是否紧密，从而避免出现不必要的返工，浪费时间与精力。

3. 有利于论文写作的安排

有了提纲，作者就可以根据自己的实际情况安排写作的流程和方法，灵活机动地调整各部分的写作时间。有了提纲，也可以不按从头到尾的自然顺序写，可以先写论文的主体部分，再写论文的开头与结尾，也可以先写论文的任一部分，再写其他部分，最后组合成篇。可以在一段时间内集中完成论文的初稿，也可以利用零散时间分散写，然后串联成篇。具体做法因人而异。

4. 有利于使论点与论据有机地统一起来

编写提纲的过程，也是作者根据其确立的论点，把相应的材料和观点有序勾勒成一个思路清晰、能够说明问题的文章轮廓的过程。因此，进入编写提纲阶段，就可以从论证全局出发，对材料进行验证、取舍和安排。尽管这种决策是初步的，但是编写提纲有助于精选出那些问题所需要的、有说服力的论点和论据，并将其有机结合起来，可以避免材料过多，陷入难以取舍和驾驭的困境。

（二）编写提纲的原则

安排毕业论文总体结构即"搭架子"时，最重要的原则是合乎逻辑，即符合事物的发展规律和人的思维规律。其原则可归纳为两方面，即有中心、有层次。有中心即以总论点为中心，围绕它组织分论点，组织论据（材料）进行论证，这就能使文章有条不紊、完整统一。有层次就是按顺序论证总论点，分几层论述，要排好先后。层次清楚、安排合宜、次序顺当，就会严密顺畅。

编写提纲一般从以下几点着手。

首先从中心论点出发，决定论文的框架。反映在文章结构上，就是要有层次。这就要求将与主题无关或联系不大的观点，毫不吝啬地舍弃掉，尽管这些已形成的思想和观点与论文是有联系的。

其次，充分考虑论文各部分的逻辑关系，即符合规律。为什么有中心、有层次就符合事物发展规律和人的思维规律呢？因为事物由矛盾着的对立面构成，主要矛盾和矛盾的主要方面决定事物的性质，决定事物的发展方向。思维规律要求认识事物要抓主要矛盾和矛盾的主要方面，要看主流。写文章要有中心、有主线。因为事物发展有阶段，所以对事物的认识有过程，思考和解决问题有顺序。

最后要详略得当，安排好论文各部分的比例。从论文的结构上来看，论文各部分如何安排要根据论文的内容确定。无论怎样安排，各部分之间应有一定的比例关系，写作时要做到详略得当。

这些原则要求作者将已经收集到的许多材料忍痛割爱，尽管它们是自己精心搜集来的。必须始终牢记材料是为论点服务的，无论多么好的材料，只要与本论文的论点联系不大，应割弃时就一定要勇于割弃，绝不拖泥带水。论文提纲是组织、设计毕业论文的主要内容、写作思路和篇章结构的基本构思，是作者运用一些简单的句子甚至是词或词组加以提示，把材料与相应的论点组织起来并编上序号所组成的逻辑图表，是作者思考论文逻辑构成的写作设计图。

（三）编写提纲的内容与要求

1. 提纲的内容

提纲是论文初稿的雏形，提纲的内容就是要用最基本的格式和语言回答毕业论文的基本问题。毕业论文的基本结构由绪论、本论和结论三大部分组成。绪论、结论这两部分在提纲中应比较简略，本论则是全文的重点，是应集中笔墨写深、写透的部分，因此在提纲上也要写得较为详细。从结构上看，提纲的内容包括标题、基本观点、大项目、中项目、小项目等。

1）标题

标题被视为"文眼",是十分重要的。写作毕业论文,首先应拟好标题。毕业论文的标题一般不借助于修辞手段,且特别强调鲜明、准确、醒目地提出命题。毕业论文的标题应做到明白、具体和一目了然。

2）基本观点

基本观点即论文的中心论点,是文章的灵魂。毕业论文的基本观点必须正确、鲜明,并力求深刻、新颖。基本观点要用主题句的形式表示出来,文字应力求简明准确。

3）大项目

大项目即上位论点,它是基本观点得以存在和赖以完备表述的支撑点。从行文的思路来说,大项目体现为从哪些方面、以什么顺序来阐明基本观点;从文章结构来说,大项目即全文的逻辑结构框架。编写提纲时,大项目要用论点句标出。

4）中项目

中项目即下位论点。为了行文的顺利进行,下位论点也应用论点句标出。

5）小项目

小项目即段中的一个具体材料。对于准备采用的材料,要按构思的顺序标上序号以备使用。段的中心意思是段旨,也叫段的主题、段的论点。全段是围绕着这个段旨展开的,又是为阐述这个段旨服务的。这个段旨用一句话概括出来,叫段旨句。提纲中用于提示写作的句子,有时即可用来做论文段落的标题。

2. 编写提纲的要求

编写提纲的要求可以概括为以下四个方面。

1）着眼全局,紧扣主题

提纲是论文的基本逻辑框架,是作者用句子或纲目形式进行立意和谋篇的过程,是将成果加以具体化的体现。因此,编写提纲应从全局出发进行通盘规划。从全局出发,就是要紧扣论文主题,去检验每一部分所占的地位、所起的作用,相互间是否有逻辑关系,其篇幅在全局中的地位和作用是否相当,比例是否恰当、合适,每一部分、每一段落是否为全局所需要,是否相互配合、丝丝入扣,服务于主题。另外,还要注意综合性和整体性。对一些游离于主题之外的材料,则坚决割爱;对一些与总论点不相协调的分论点,则坚决舍弃。

2）精选材料,开掘论题

"文章最忌随人后",创新是毕业论文写作的意义所在。所谓新,包括论题新、角度新、材料新、表达方法新。其中，材料新和论题新是保证论文内容具有创新性的前提条件。论题是靠材料来支撑的，因此只有精选材料才能开掘论题。

要特别注意将有新意、有魅力、富有典型意义的材料列入提纲，并从新的角度对这些材料进行深入的挖掘。要抓住一点，深挖开去，深入其本质，从多方面把道理说透，这是深挖问题的切实可行的办法。

在开掘论题的过程中，要注意把握中心论点与分论点及小论点的协调与配合，力求进行全面开掘。要明确确立什么样的论点，采用什么方式，从哪种角度提出问题，在中心论点下拟设几个分论点、小论点，等等。

3）工于结构，巧于布段

结构是全文的骨架，是论文表现形式最重要的问题之一。布段是根据论文的结构，对层次和段落、开头和结尾、过渡和照应所做出的总体安排。提纲既为论文结构的轮廓安排，也为论文布段的具体安排，必须慎重经营。

首先，提纲要合乎逻辑，合乎毕业论文文体的特点。要按照论文主题的需要，将精选后的材料加以分类、组织和安排，使其条理清晰、层次分明、前后连贯、合乎逻辑。层次清晰、段落分明是毕业论文提纲最起码的要求。作者除了在提纲中列出中心论点和分论点外，还必须写出主要的论据和论证的方法步骤。毕业论文提纲必须包括引言、主体和结论三部分。

其次，要注意布段，即要注意段落、层次、开头、结尾、过渡和照应。要匠心独运地安排段落和层次，要工于开头、巧于结尾、善于过渡、勤于照应，这是编写结构提纲在形式上的总体要求。作者在这方面常犯的毛病有：段落、段旨不明，层次分割不清，开头离题万里，结尾拖泥带水，过渡忘记架桥，照应有照无应。针对上述问题，在编写论文提纲时，要强调巧于布段，即段落意义要单一、完整，层次含义要有序、清楚，开头要开门见山，结尾要戛然而止，过渡要自然顺畅，照应要前呼后应，要力争使论文达到结构和内容的完美统一。

再次，运用表示次序的序号表现论文的框架，要注意系统性和种属层次。所谓系统性，就是在一篇论文的同层次上，采用同一系统的符号，不能前面用"1、2、3"，后面用"A、B、C"，这样会使文章条理不清，难得其解。所谓种属层次，即每一种符号在长期的使用过程中形成的种属习惯不能破坏，如果破坏了这种种属层次，就使人难以理清眉目。例如，用"（1）"表示大层次，而用"（一）"表示小层次就不可取。当然，如果层次基数不多，可省去中间的层次符号系统。带符号的数码系统后一般不用标点，如"（一）""（1）""①"这三种数码符号后均不用标点。

（4）精炼文字，协调全篇

提纲的要义是"纲"，因此必须用准确、精炼、畅达的文字，提纲挈领地将内容表达出来，使人一目了然。在毕业论文写作中，作者易犯的毛病是详略失当。在结构和内容上，没有对全篇进行统一协调，考虑多的、熟悉的就写得详细，考虑少的、不熟悉的就写得简略，结果有的部分烦琐累赘，把论据都详细写出，有的部分却苟简含糊。例如，论文的开头仅写出"引言"两字，没有将论点亮出来；结尾仅写出"结论"两字，没有说明论证的结果。总之，这样的提纲纲目不清，给人以杂乱无章之感。

提纲在文字上的要求是"少而精"，务必去掉那些可有可无的文字。小标题要精炼，题目不要太长，一般不超过20字。重要部分要用次序语。总体上说，观点要用主谓句明确表达，材料可用非主谓句或词组简要提示，要显示层次，点明论证方式和步骤。

协调全篇除了要求各个组成部分做到结构匀称和谐、文气贯通流畅、文字疏密得当外，还要保证上位标题要涵盖所有的下位标题，而下位标题只能部分重复上位标题的文字或内容，只有这样才能使所拟的提纲条理清晰、层次分明、首尾圆合、通篇连贯。

（四）编写提纲的过程

编写提纲一般分为构思、起草和修改三个阶段。

1. 构思

1）按事物发展规律构思

常言道："有条则不紊，有序则不杂。"所谓的"条"和"序"，指的就是事物发展的内在联系和规律性。如果找不到事物发展的内在联系和规律性，作者在大堆的材料面前只能束手无策，无法形成提纲；而一旦弄清了客观事物变化发展的内在联系和规律性，思路就会豁然开朗。

2）按写作需要构思

论文写作要从表现主题出发，因此展开思路、构思文章，都要服从写作意图的需要。主题贯穿全文，是统帅思路发展的红线。如果偏离甚至背离主题，思路的梳理就会失败。因此，无论是论文的结构布局、表述的先后顺序，还是穿插分合、开头结尾等各个方面都要有助于主题的实现。主题的选择不同，论文谋篇布局的思路就会不同。

2. 提纲的起草

1）提纲起草的方法

（1）根据论文提纲的繁简程度不同，论文提纲的编写方法可以分为简拟法和繁拟法两种。

① 简拟法，又称骨架结构法，它要求用简要的语句把论文的题目、大标题、小标题列出来，把文章的基本骨架勾勒出来，形成论文提纲的雏形。这种提纲具有高度概括性，只提示论文的要点，不涉及如何展开。

② 繁拟法是在简拟法的基础上进一步充实论文骨架的内容，不仅要把论文的题目、大标题、小标题列出来，而且还要在此基础上进一步落实好段落安排，列出主要段落的段旨，并根据论证要求基本完成材料的整理、分配、划归，以形成论文初稿的雏形。

论文提纲充实到什么程度视论文写作的要求而定。写篇幅短的论文或作者已掌握材料的细节情况时，提纲可以适当简略；写中长篇幅的论文或作者对材料掌握不是很熟悉，观点尚需进一步推敲时，提纲可以适当详细些。

（2）根据论文提纲的写作格式不同，论文提纲的编写方法可以分为标题式、句子式和段落式。

① 标题式，即用简要的文字把这部分的内容概括出来，写成标题。例如，一、二级纲目（层次）多作小标题，三、四、五级纲目（层次）多放在一段的首句（又称主题句）。这种写法简明扼要，一目了然。缺点是内容过于简单，作者自己明白，其他人可能看不懂，并且时间久了，作者也可能忘记具体要写的内容。

② 句子式，即以能表达完整主题的形式，将该部分概括为一个完整的句子。此法的优点是具体、明确，由于提纲为论文的各个段落提供了主题句，方便起草成文；缺点是文字较多，写起来比较费时费力。

③ 段落式，即以一段话将该部分内容概括成内容提要。这种方法比较详细，可为论文写作打下坚实的基础，但是花费时间较多，建议仅在论文的重点部分使用。

以上三种方法，可单独使用，也可混合使用。提纲详略自便，可以从简略的提纲入手，反复修改，逐步完成。

2）提纲起草的步骤

提纲起草的具体步骤如下。

（1）拟定论文标题，以最简洁、最鲜明的语言概括论文内容。

（2）写出论文中心论点或主题句，确定全篇的中心思想。

（3）安排大项目，即确定上位论点及其逻辑结构，完成论文大框架结构的安排。

（4）安排中项目，依次考虑每个上位论点的下位论点，直到段一级，写出段旨。

（5）依次考虑各个段的安排，把准备使用的材料按顺序编号，以便写作时使用。

3. 提纲的修改

提纲草拟后不同程度地存在这样或那样的问题，对初学者更是如此，这就需要对提纲进行修改和完善。要对提纲进行修改，就要清楚如何发现提纲中存在的问题，以及对什么进行修改。

1）编写提纲时的常见问题

编写提纲时常见的问题有以下几个方面。

（1）提纲残缺不全，内容不完整。

（2）词不达意，总论点与分论点层次不清。

（3）论据和论点之间没有必然联系。

（4）对论文的导论、本论和结论三部分安排不尽合理。

（5）段落层次不明。

2）提纲的修改要点

论文提纲的修改主要从以下四个方面把握。

（1）从立论上把握，包括立论正确与否，是否符合事物的发展规律，是否符合党的政策和国家的法规，所论述的内容是否具有创新性和科学价值等内容。立论关系到论文的成败，不可等闲视之。

（2）从框架结构上把握，包括框架结构合理与否，是否需要做出调整。论文的主体部分绝对不允许只有一个部分，因为事物总是能够分为两个或多个方面。如果论文的主体部分在提纲中只有一个部分，论文主体部分的标题就会与论文的标题完全重合，显然违反了下位标题在内容和形式上只能部分重复上位标题的规定。

（3）从论证过程把握，包括论证能否自圆其说，是否严密和具有逻辑性，有没有新的论点和论据需要补充，原来的论点和论据是否需要调或重新进行归纳、提炼，等等。仅有论点和论据，若没有论证，就无法用论据去说明和支撑论点。

（4）从逻辑体系上把握，包括逻辑体系有无问题，各项内容的表达在语法上是否一致。提纲中同级标题在语法上的不一致，是缺乏逻辑性和连贯性的表现，必须坚决纠正。因此，不要把完整句和不完整句、名词短语和动词短语混淆在一起。

总之，通过对提纲的修改补充，使之既要反映主题的基本骨架，又要反映材料安排的位置合适、层次分明、条理清晰、前后一贯。写作提纲已经列出，就应该依"纲"写作，但并不等于一成不变。在写作过程中，如果有了更新、更好的思路，可以随时调整或修改提纲。

二、开题报告的撰写

开题报告是学生在确定选题方向后，在初步研究的基础上撰写的书面报告，一般采用表格形式。它是报请指导教师和指导委员会（小组）批准的选题、写作计划，解决确定选题后如何实施研究和写作的问题，是大学生应当掌握的一种重要的报告文体。它主要说明该选题为什么要进行研究、具备的研究条件及如何开展研究等问题，初步规定了选题的具体研究内容、步骤和写作方案，是对选题所进行的论证和设计。

撰写开题报告的目的，一是通过开题报告，作者能将所选课题的内容框架、研究现状、选题意义、重难点和创新点、文化结构、主要征引材料及参考书目做以总体思路的构想，对选题的前因后果、来龙去脉进行有序的组合、整理，为撰写毕业论文做好充分的准备；二是通过开题报告，作者能广泛地听取他人的宝贵意见，并在此基础上重新理顺论文的思路，使毕业论文结构更趋完整，内容更趋翔实。

（一）开题报告的内容

开题报告的内容主要包括以下几个方面。

1. 毕业论文题目

论文题目即论题，目的是让读者明了毕业论文的大致范围和方向。在拟定毕业论文题目时，应注意以下两点。第一，题目名称要准确、规范。所谓准确，就是论文的题目要把论文研究的问题是什么、研究的对象是什么交代清楚。论文的题目一定要和研究的内容相一致，不能太大，也不能太小，要准确地把研究的对象问题概括出来。第二，题目应力求简洁，引人注目，一般不要超过20个字，必要时可以使用副标题。

2. 选题的研究目的、意义

选题的研究目的、意义就是选题的依据，也就是为什么要研究、研究有什么价值。选题的目的和意义一般可以从两个方面入手：一是选题的有关背景，即选题的提出根据什么，受什么启发确定研究方向，从现实需要方面去论述，指出现实当中存在这个问题需要去研究、去解决，本选题的研究有什么实际作用；二是通过分析问题的实际，指出为什么要研究该选题、选题的理论和学术价值以及要解决的问题等。

3. 选题在国内外研究的历史和现状（文献综述）

选题在国内外研究的历史和现状（文献综述）内容的叙述方式灵活多样，可按国内和国外研究动态、年代、问题、观点、发展阶段等进行叙述。一般应包括历史背景、现状评述和发展方向三方面的内容。历史背景着重说明本课题前人的研究成果；现状评述重点论述当前本课题国内外的研究现状，着重评述本课题目前存在的争论焦点，比较各种观点的异同，亮出作者的观点；发展方向主要通过纵向、横向对比，肯定本课题目前国内外已达到的研究水平，指出存在的问题，提出可能的发展趋势，指明研究方向，提出可能解决的方法。

4. 选题的撰写框架（基本内容）

选题撰写框架可以用文字描述或者提纲的形式表述。以提纲形式表述，一般由以下几个方面构成。

（1）引言：提出问题，摆明观点。

（2）论点：分析问题与阐明自己的观点。大致包括问题的原因及其危害性，解决问题的重要性和必要性，从理论上论证问题的解决方法，联系实际来阐述解决问题的策略与做法，以及利用实际数据为作为论据证明方法的有效性。

（3）结论：通过对问题的分析论证，其后果如何，有什么指导意义，有哪些方面需要继续进行研究，还有什么不足之处，等等。这些均需在结论中加以说明。

（4）参考书目。

5. 主要研究方案

研究方案主要包括拟采用的研究方法、准备工作情况及主要措施。研究方法是确保论文写作顺利进行的重要条件。从大方面来说，研究方法一般包括实证分析法和规范分析法；从具体的研究方法来说，包括观察法、调查法、实验法、经验总结法、个案法、比较研究法、文献资料法等。学生应根据选题方向、研究内容和实现目标的需要，选择确定合适的方法加以应用。准备工作情况目的是要明确到开题时，在选题上已经完成的主要工作，以便指导教师确认学生的研究条件。研究的主要措施是要学生确认在接下来的具体研究过程中，如何确保写作任务的完成。

6. 研究工作进展安排

研究工作进展安排即选题研究在时间和顺序上的写作步骤安排。研究的步骤要充分考虑研究内容的相互关系和难易程度，一般情况下都是从基础问题开始，分阶段进行，每个阶段从什么时间开始到什么时间结束都要有规定。选题研究的主要步骤和时间安排包括：整个研究拟分为哪几个阶段，各阶段的起止时间，各阶段要完成的研究目标、任务，各阶段的主要研究步骤及日程安排，等等。

7. 指导教师意见、院（系）指导委员会（小组）的开题意见

学生完成开题报告后交至指导教师，指导教师会同院（系）指导委员会（小组）组织开题，对学生选题进行论证。同意开题的，签署开题意见；不同意开题的，签署修改意见。

（二）开题报告的要求

开题报告的主要要求如下。

（1）须经指导教师审查合格方可正式撰写毕业论文。

（2）开题报告的形式，一般按照学校给定的格式和字数要求撰写。

（3）参考文献一般至少列出5本。英文参考文献在前，按主要责任者名字的字母顺序排列；中文参考文献在后，按主要责任者名字的音序排列。教材、技术标准、产品样本、网址网页等不列为参考文献。

（三）开题报告写作方法与技巧

1. 明确提出选题和研究问题，说明选题意义

选题是撰写毕业论文的第一步。选题是否恰当，直接关系到论文的质量，甚至关系到论文的成功与否。此外，研究的问题贯穿整篇毕业论文的始终，论文的后续内容必须紧扣研究的问题展开。因此，开题报告写作必须明确交代选题和提出研究的问题，作者还必须讲明选题的目的和意义，通过这些评审专家或老师才能真正了解和理解论文选题的理论价值和实际价值，并对此给予中肯的评价。

2. 瞄准主流文献，随时整理

文献资料是撰写好毕业论文的基础。一般来说文献越多，论文的基础就越牢固。要注意学所选文献的代表性、可靠性及科学性。应该选择本学科的核心期刊、经典著作等，最好是先看近期（近3~5年）的，后看远期（5~10年）的，广泛阅读材料，在必要时还应该找到有关文献所引用的原文进行阅读，在阅读时注意做好读书卡片或读书笔记。

整理资料时，要注意按照一定的思路组织文献资料。写文献综述，不是将看过的资料全部罗列和陈述出来，而是要按照一定的思路将其提炼出来。只有这样，才能写

出好的文献综述，进而写出好的开题报告，从而为写出好的毕业论文打下基础。

3. 研究目标具体而不死板

一般开题报告都要求明确毕业论文的研究目标，但是研究目标不宜定得太死板。这是因为即使条件确定，研究工作本身也会涉及诸多因素，研究设备等研究条件也可能不同，因此目标是偏高还是偏低，难以准确判断。毕业论文的选题和研究目标，体现了研究工作的价值特征，因此在选择研究目标时，要注意具体而不死板，这样才能写出有质量的毕业论文。

4. 注重研究方法的描述

写开题报告是为了请专家和指导教师判定所选的问题有没有研究价值，选用的研究方法能否奏效，论证逻辑有没有明显缺陷，因此，开题报告的主要内容就要从"研究的背景和问题""研究的目的和意义""文献综述和所采用的理论框架""基本论点和研究方法""资料收集方法和工作步骤"等若干个方面展开。其中，"基本论点和研究方法"是重点。许多人通常会花费大量笔墨铺陈文献综述，但一谈到自己的研究方法和研究设想时便寥寥数语、一掠而过。如此这般，评审老师不能够判断出其研究前景，更不能够对其研究方法给予切实的指导和建议。因此，必须注重研究方法的描述。

（四）开题报告写作中存在的主要问题与对策

1. 思想重视不够

长期以来，许多高校都把开题报告作为毕业论文工作的一个重要环节，建立了相关制度，提出了明确的要求。但在实际操作中，仍然存在着重形式而轻内容、弱化指导、宽于审核、放任自流、内容不符等现象；认为学生培养质量的高低、能否顺利毕业，关键看其毕业论文的完成情况和指导教师指导情况，把开题报告与毕业论文人为地割裂开来，使开题报告成为可有可无的东西，学生任意写，指导教师轻易过。因此，有必要对开题报告的撰写和评价给予足够的重视，把开题报告视为毕业论文写作的重要部分，进而提高毕业论文的质量。

2. 缺乏统一规范

开题报告是毕业论文的前提和基础，也是学生真正意义上学术研究活动的开端，是学生养成严谨治学风尚和科学求实态度的"磨刀石"和"训练场"，具有很强的学术性。但在实践中，一些高校的管理部门或管理者认为开题报告无碍大局，仅就形式和框架上泛泛要求，缺乏统一的制度文本，以至于不少学生的开题报告内容不完整，学术规范性不强，一人一个样，想怎么写就怎么写，或者随意复制，敷衍了事，从而给课题研究和论文的质量埋下诸多隐患，也对学生未来的职业道德、敬业精神和终身学术研究态度的训练产生了不良的影响。因此，高校有关部门要建立严格的开题报告制度，统一规范好开题报告的内容要求和格式，防止学生随意应付开题报告的现象发生。目前，高校普遍建立了毕业论文开题报告制度和统一格式，这种状况正在得到改善。

3. 指导流于形式

指导教师是学生开题报告的主要指导者和第一阅读人，也是开题报告质量的第一检查人和把关人。但随着招生规模大，每位指导教师指导的学生数量相对增多，指导教师整体负荷明显增大，师生间的直接互动相对减少，加之指导教师工作忙、事务多，而许多学校对指导教师的考核又偏重于科研项目和科研成果，以至于在指导学生开题报告撰写的过程中，指导教师时间和精力投入都难以到位。同时，部分指导教师的责任心不强，主客观方面的约束又不够严格，从而影响了开题报告的质量和效果。因此，应当强化指导教师的指导把关责任，把指导教师的考核与指导学生的情况质量挂钩，发挥师生双方的积极性，促进学生成才。

4. 与毕业论文工作脱节

开题报告是毕业论文写作与指导的制度文本，对师生双方和毕业论文写作具有强烈的约束作用，应当贯穿于毕业论文的写作指导中。但如果开题报告的撰写时间仓促，文献资料查找不足，研究现状把握不准，师生交流不充分，相应的论证分析不到位，应有的条件不成熟，或者设备不够完善、落后，常常导致论文与开题报告相背离的现象，使开题报告失去应有的作用。甚至会出现学生离题万里，指导教师也缺乏督促的情况。以至于论文写成后，虽然不合乎要求，但也无可奈何。为不影响学生正常毕业，匆匆答辩，草草过关，毕业论文质量难以保证。因此，学生要严格按照拟好的开题报告进行毕业论文的写作；同时，院系也要发挥监督和审核功能，督促学生与指导教师一起遵循有关的开题报告规范，保证毕业论文的顺利完成。

三、毕业论文初稿的写作

毕业论文初稿的写作又称毕业论文的起草，是作者根据提纲和收集整理的材料，将论点与论据进行有机结合，从而把自己的论文设计构思以初步形成论文的过程。

（一）毕业论文初稿写作的基本原则

为了保证毕业论文初稿的写作质量，一般在根据毕业论文提纲起草初稿时要遵循以下几项原则。

1. 遵循提纲，大改小不改

提纲是毕业论文已经探明的思路，是已经设计好的蓝图。此思路和蓝图是经过周密思考、反复修改和导师审查指定的，因而它必须是起草的基础。起草就是要用具体材料、科学的论述和连贯成篇的书面语言去展开提纲上的要点，沿着这条思路写就会顺理成章，按蓝图"施工"就会顺利完成。所以不要游移，不要随便偏离，要按照提纲拟定的结构顺序展开，不要将提纲搁置一旁。一时心血来潮，信马由缰地狂想、狂写是不可取的。

起草又是一个创造性过程，应该解决毕业论文提纲中不周密、不合理、不顺畅的地方，但这和停下来改动不同。要不要停下来改动有一个原则，称之为"大改小不改"。即发现文章大的方面，比如总论点、立论的关键材料、主要的观点、形势发生变化或整体结构出现了问题，要立即停止起草，考虑好后再进行，甚至还会出现另起炉灶的情况，此时绝对不能将错就错。如果发现的是细枝末节或局部的问题，如材料不够、不合用、不确切，就先不要停下来修改、核对、查找，可以先做上记号，待完成后再回头看，不要被细节拖累而裹足不前。此时果断是必要的，游移是有害的。

2. 紧扣主题，突出中心

主题是文章的灵魂，是论文的核心，论文写作的各个环节都是围绕主题展开的。主题一经确定，就要以它为中心进行，不论是在结构的安排和材料的取舍上，还是在遣词造句上，都要遵循这个原则。若不以主题为中心展开，文章就会脱离原来的思想，就可能杂乱无章，支离破碎，达不到写作的预期目的，并且这样写出的草稿也对下一阶段工作的开展造成困难。

3. 论点鲜明，论述有据

学术论文就是要亮明自己的观点，就是要阐述自己新的见解和思想，论文的主题也是根据论点而定的。虽然作者在论文提纲中表明了自己的论点，如果在论文起草过程中，将自己的论点淹没于一片文字中，就无法明确自己的论点，在写作过程中也会失去航标和方向。论文论点不明确，在写作过程中，即使事先有充分的论据，也失去了用武之地。因此，在论文起草过程中，论文的论点必须鲜明突出，论据才能充分有力。

4.结构完整，全文贯通

在根据提纲进行论文起草的过程中，要保证论文初稿的完成，不仅要求论文的论点、论据完整，而且要求论文每一部分、每一段落完整。在保证结构完整的同时，还应全文贯通。不要在起草过程中偏离主题，认为其他问题更重要而写一些与主题和论点无关的问题，或是虽与主题相关，但不是本篇论文要阐述的问题。一定要保证论文初稿在思想上的一贯和唯一。对于初学者来说，在论文起草环节上，关联词语、过渡句段、前后照应是否得体，可以暂时不多考虑，留待修改时进一步完善。

5.分清轻重，详略得当

写论文是要把道理告诉人们，说服他人，是要把自己的学习心得、理论见解、研究成果和解决问题的方案表示出来，是把自己学习的收获和取得的成果拿出来，请导师、答辩委员乃至学术界同仁检验审查。因此，人所共知的东西要少讲、略写，甚至有的只需一带而过。属于自己论证体系的内容、得出结论的关键处、论证的症结处，特别是个人研究有新意之处，则需要讲细、讲深、讲详、讲透。在叙述事实做论据或说明情况做背景时，要简明概括，言而不繁。论证分析时则必须深刻透彻，不妨详细说明，但也必须精当妥帖、切实有力。

6.尽可详尽，不拘小节

对于初学者来说，在论文起草环节，很难做到撰写简明准确、用词恰当到位。为了防止遗忘和为以后的修改留下思考的空间，在论文起草过程中，只要不偏离主题，论点不模糊，就可以将自己想到的话全部写在纸上。用词的恰当与否，语义明确与否，句意严密与否，格式规范与否，都可暂时不管，以防拘泥细节而使论文的起草工作无法正常地进行。当然，对有一定写作经验的作者来说，在起草的过程中注意用词恰当、语意明确、句意严密、格式规范，就可大大减少论文修改的工作量，节省时间，便于论文早日完成。

（二）毕业论文初稿的写作方法

撰写毕业论文初稿，一般是按照提纲的顺序写，有时也可以打破顺序分段写。两种方法各有利弊，可以根据自身的需要进行选择。

1.按照提纲顺序写作

毕业论文提纲的排列顺序是经过作者反复思考、精心安排的，反映了作者认识事物的过程，也反映了事物本身的内在逻辑。因此，按照提纲的顺序，先提出问题，再分析问题，然后解决问题，顺理成章，十分自然。这种方法符合大部分人的写作习惯，其好处是全文贯通、一气呵成。如果对全文各部分的内容酝酿成熟，各种材料的准备也均已到位，就可以采用此种方法。但是这种写法，开头部分比较难写，通常不知道该从何入手。遇到此类情况时，要仔细分析问题所在。若是由于提纲没有列好，思路不流畅，则要重新考虑编写提纲、组织材料；若是由于写作状态不佳，则可以暂时搁置，转做其他的事情，调整心态后再开始写。

2. 打破顺序分段写作

由于毕业论文的篇幅较长，各部分内容的成熟度有先有后，要一口气全部写好不大可能。可以打破提纲顺序，分段完成。作者的论述是逐步展开的，论文也是一部分一部分写出来的，完全可以成熟一部分写一部分，哪部分先成熟就先写哪部分，最后连接起来成为一篇完整的毕业论文。这种写法的好处在于能够集中精力写好每一部分，有利于保证毕业论文的质量。对于初学者来说，这种写法可以分散难点，各个击破，更容易把握。采取分段、分块写法，要根据实际情况制定出分阶段写作计划，既要保证各部分内容的相对独立性，又要保证全文的完整统一性。写作过程中，要注意掌握进度，以免将写作时间拉得过长，影响整个毕业论文写作任务的完成。

（三）毕业论文初稿写作的注意事项

1. 明确层次，确定段落

层次是论文内容表现的次序，合理的布局层次可以清楚地表现论文的内在逻辑顺序，使论文的各个部分形成有条理、有系统的有机整体，从而有力地表现主题。层次的结构形式有分总关系、总分关系、总分总关系、分总分关系。根据不同类型的论文主题，可以从中选择适当的层次表现论文。

段落是构成层次具有完整意义的小层次，是论文结构的最基本单位，又称自然段。如果说论文的层次是确定论文的大致框架，那么论文的段落则是从细微处安排论文的结构。段落与层次的区别在于：段落侧重于文字表达的需要，而层次则着眼于思想内容的划分。段落能够逻辑地表现出作者思维进程中的每一停顿、转折，清晰地向读者展示论文的内在层次，使论文眉目清楚，便于读者阅读和理解，并给读者在阅读中停顿的时机，从而有思索和回味的余地。另外，使用一些篇幅较短的特殊段落，可以起到强调重点、加深读者印象的作用。

2. 过渡自然，注意照应

过渡是指上下文之间的衔接、转换，起承上启下的作用，可使论文的脉络清晰、畅通，层次紧凑、自然。照应是指论文内容前后关照、呼应，即前文有交代（伏笔），后文对前文的交代予以呼应，显示论文的连续性和布局的严谨。照应不仅能够使论文本身协调、统一、完整，而且能够唤起读者的联想和回味，有助于主题的表达。

3. 写好开头，注意结尾

开头是毕业论文结构的重要组成部分，居于全文的"定调"的地位。开头如何，关系到能否自然而流畅地引出正文，更好地表达主题；关系到能否抓住读者，吸引读者进入阅读。论文的开头方法很多。毕业论文的开头，通常是采用"交代动机开头"，即落笔交代写作动机，表明写作目的，说明要解决什么问题、要达到什么目标，等等，使读者一开始就了解到作者的意图，引起读者关注。开头切忌下笔千言，离题万里，头绪杂乱。

结尾是毕业论文结构的有机组成部分，居全文"结论"地位，是论文内容发展的自然结果。论文结尾的方法有总结全文与照应前文两种。总结全文即是对全文论述的内容进行高度的概括，做出结论，深入主题，使他人对作者的观点有全面深刻的了解；照应前文，即对论文开头提出的问题进行回答，阐明研究结果，进行讨论，做出结论，给人以深刻的启迪。

4. 句意准确，用词严谨

句意准确，是指句子的逻辑合理，道理正确。一般不用比喻、夸张等手法写作句子。毕业论文的词汇必须正确，不要含糊其词，也不要臆造新词和堆砌词汇。尽量不用或少用不定量的用语，如"可能""大概""约为""左右"等。尽量避免使用口语化表达。在毕业论文中，一般不用语气助词，不用重叠式的形容词和动词，禁止使用"我"与"我们"之类的第一人称词汇。此外，"作者""笔者""本课题组"等都属于第一人称范畴，也不宜采用。要慎重使用关联词，可用可不用的，坚决不用。为保证行文的流畅性，句内不应采用多重关联；为提高语句的呼应性，应避免"远程"关联。

（四）论文初稿写作过程中常见的问题及解决办法

1. 写不下去怎么办

论文初稿写作过程中会遇到写不出来的情况，应该分析为什么写不出来。写不出来或者写不下去，大体有如下几种情况，这些都是可以解决的。

（1）缺乏写作训练。虽然学有所得，构思并编写了提纲，但一提笔就发怵，写不下去。这种情况是心理的原因，遇到这种情况要坚持写下去，不要有不切实际的要求，实事求是地写下去，慢慢就能写出东西，就能有所提高。只要用心，一定能写出来，而且最后会写得很好。还有一种情况是心中牢记的是"不鸣则已，一鸣惊人"的信念，一旦在下笔时达不到预期的效果，就气馁了，罢笔不干了。其实达到"不鸣则已，一鸣惊人"的境界，是长期努力奋斗的结果，不是一开始就能实现的。只要坚持不懈地学习、思考、写作，一定能实现这一目标。

（2）提纲写得很好，但在写作过程中思路卡住了。这时不要着急，可以稍微停一下去看看自己的写作提纲，回想一下，当初是如何构思的，为什么当初自己是那么想的，从中找回遗忘或不清的思路。再阅读一下收集的资料，以及有关的文章，变换一下角度去思考，在外界的启示触发下，文思就会顺畅起来，然后再继续写下去。

（3）构思时功夫下得不够，提纲写得不够细致，写到一半就写不下去了。这就需要重新审视提纲，看对总论点理解把握得如何，材料熟悉得如何，结构安排得怎样，问题是否吃透。为避免出现此种问题，可把提纲写得更加细致，层次更加分明，论证安排更加合理。

初学写论文的学生可能不会区分哪些是人所共知的一般性的东西，哪些是自己创新的，在写作时可将自己事先想到的全部内容都写下来，包容的内容要充分、丰富，在论文修改时再做取舍。如果在写论文初稿时，这也不敢写，那也不能写，论文就会单薄，势必给论文的修改带来一定的困难。

2. 写出来不满意怎么办

有时构思得很好，又写了提纲，提笔写出来却不满意，其原因多是提纲起草不得法。想好了和写明白了不是一回事，所以起草提纲时要注意方式、方法。

常见的问题是就事论事，缺乏理论深度。究其原因，是写作缺少相应的理论基础，知识掌握不够，问题还没有摸清、吃透。当出现此类问题时，要重新钻研理论，熟悉材料，真正弄清理论的来龙去脉和理论的深刻内涵，真正把握事实材料的来源及其要说明和反映的问题。这样在写论文时，方可深入下去，就会写得深刻，有的放矢。

研究方法不当也是论文深入不下去的重要原因之一。当论文写出来不满意时，就需要重新审视自己的研究方法是否得当。研究方法是否恰当直接关系着对问题的研究能否深入，能否有新的思想和新的见解产生，能否有有利的证据材料或有利的论证方式。

常见问题还有选题问题。一种情况是选题过大过难，自己难以驾驭。另一种情况是选题没能发挥作者的长处，从而使论文写作无法进行下去。即使勉强写下去了，也缺乏新意。

总之，解决以上各种问题的对策主要有：重新审视论文的选题是否合理及能否发挥其长处，重新审视自己在材料的搜集和整理上的工作是否到位，重新审视自己在论文的构思和提纲写作上是否严谨周密，重新审视自己在论文的写作上是否发挥了主观能动性。

（五）电脑写作的常用方法

电脑给毕业论文的写作带来了极大的便利，为了提高毕业论文的质量和规范，不少院校都要求学生用电脑来进行毕业论文撰写。下面介绍电脑写作毕业论文的一些常用方法。

1. 页面设置

具体的页面设置，不同高校的要求不尽相同。以下示例仅供参考。

第一步，在Word菜单中依次选择［文件］—［页面设置］，打开［页面设置］对话框。在［页边距］选项卡中分别做以下设置："上：3.7厘米；下：1.7厘米；左：1.0厘米；右：1.4厘米；装订线：1.35厘米"。

第二步，选择［纸张］选项，将［纸张大小］设置为"16开"。

第三步，选择［文档网格］选项卡，将对应选项设置为"每行：32个字符；跨度：12.75；每页：21行；跨度：27.45磅"。

2. 设置样式

设置样式完成之后，在写作过程中，能够方便地设置字体大小等格式，不用每次重复格式设置的烦琐工作。

设置样式的步骤如下。

第一步，选择［格式］—［样式和格式］，即可看到Word的右边出现一个设置窗口。

第二步，单击［新样式］，弹出［新建样式］设置窗口，将对应项目设置为："名称：正文每章标题；格式：黑体、三号，居中"。这样就完成了一个样式的设置，以后每当要输入每章标题时，只需要在样式选择中选中"正文每章标题"，然后输入标题，即可按照设置好的样式在输入文字的同时自动设置标题的格式。同时，也可以在输入标题后选择输入的标题文字，再在样式中选择"正文每章标题"来进行标题的样式套用，按照上面的方法，可以逐一对论文中不同格式的部分进行设置，在写作中方便地调用。

3. 文章的分节

通常要求在撰写毕业论文详细内容之前需完成毕业论文的提纲，也可以说是完成学位论文章节的划分。

第一步，输入毕业论文的提纲（即每章标题、每小节标题等）。

第二步，在分章处和分节处插入"分节符"。将光标定位于论文两章的交界处，选择［插入］—［分隔符］。在弹出的分隔符设置窗口中，选择［分节符类型］为"下一页"。这样即可在分章节的同时另起一页继续下一章的内容，而不用多次插入换行符使下一章另起一页。如果是两小节之间，那么［分节符类型］要选择"继续"，因为通常情况下不需要在两个小节之间分页。

4. 生成目录

毕业论文的标题、目录和摘要通常是专家和指导教师评判毕业论文的最主要标准（专家和指导教师评判论文时的第一印象一般都来自这三个要素）。下面介绍目录的自动生成。

第一步，在关键词后插入新的一页。使用［插入］—［分隔符］—［分页符］使得目录部分独立成页。

第二步，选择［插入］—［引用］—［索引和目录］，弹出［索引和目录］窗口，选择［目录］选项卡，单击［显示大纲工具栏］按钮。再按［取消］按钮，否则在没有设置级别时生成目录会出错。此操作是为了使用大纲工具栏来对文章进行大纲的级别设置，从而为方便快捷地生成目录做准备工作。

第三步，选中论文每章的标题，在大纲工具栏中将其设置为"1级"，同样方法将小节标题设置为"2级"。依次类推，将要在目录中生成的内容设置成不同的级别。设置时，要注意"1级"的级别最高，即章标题。

第四步，完成级别设置后，把光标定位到文章的最前面，插入一个"下一页"类型的分节符，把要生成的目录与正文区分开来。然后再进入［索引和目录］设置窗口，直接单击确定按钮，即可自动生成目录。

注意，使用自动插入目录，需要首先对各级标题进行设置，即设置相应的标题样式。还需注意，在完成排版之后，目录页码才能最终确定。如果目录插入在同一个文档中，则页码会自动更改。若不想更改页码，则应该在文档的最后位置插入目录，将其剪切、粘贴到另一个文档，然后在后一个文档中删除原来的页码，并在该位置输入与原来页码相同的数字。所以，目录编排也可以在文档最终排版完成后进行。

5. 设置页眉与页脚

毕业论文要求在不同的章节显示不同的页眉页脚。其设置步骤如下。

第一步，将光标定位于论文的开始处，选择［视图］—［页眉和页脚］，进入页眉和页脚的设置。

第二步，如果要实现在不同的章节显示不同的页眉，那么一定要在此之前完成分节符的设置。选［页眉和页脚］后可以看到，页眉设置上有一行小字"与上一节相同"，这是Word默认的设置。在这种情况下，如果输入一个页眉，那么整篇文章都将采用这一页眉。而现在需要每章都有不同的页眉，所以要按下面的方式设置。用鼠标单击［页眉和页脚］的设置工具栏上的［同前］按钮，取消Word默认的整篇文章都用相同页眉的设置，之后即可对哪一章节设置不同的页眉。

第三步，单击［页眉和页脚］工具栏上的［在页眉和页脚间切换］按钮，切换到页脚的设置。论文摘要、目录、正文都在一篇Word中，如果按照Word的默认设置，整篇文章也将采用同样的页码设置（即从文章的第一页开始，自动编号到最后一页），这样一来就不能实现目录正文的独立分别编排页码。同样，类似于页眉的设置，要用鼠标单击［同前］按钮取消Word的默认设置后，再单击工具栏上的［设置页码格式］按钮设置不同的页码格式。

6. 论文插图轻松编号

论文中往往会插入很多图片，要求这些图片在文章中按顺序编号。Word为文章写作提供了图片自动编号的功能，在需要进行编号的图片上单击鼠标右键，在弹出的快捷菜单中选择［题注］，弹出［题注］设置对话框，在其中按照需要设置即可。

7. 轻松绘制图表

以使用Excel来制作散点图为例，步骤如下。

第一步，打开Excel，输入相关数据。

第二步，用鼠标选中需要画图的数据，然后选择［插入］—［图表］，弹出［图表向导］对话框，选择散点图后，按照提示操作。

第三步，在各项内容都完成设置后，单击完成按钮即可生成需要的散点图，选择相应的选项即可对其相应设置进行修改和编辑。另外，Excel生成的图标可以非常方便地插入到Word中；同样AutoCAD、Visio等软件都支持Word，也都可以直接将其绘制好的图通过复制插入到Word中。

8. 输入公式

使用Word自带的"公式编辑器"可以方便快捷地输入公式，操作步骤如下。

第一步，在［插入］菜单中选择［对象］命令，然后选择［新建］选项卡。

第二步，在［对象类型］列表框中选择"Microsoft 公式"。如果没有安装公式编辑器，系统会提示安装。

第三步，在打开的格式编辑器中选择合适的公式样式，根据需要填写。

四、毕业论文的修改

人们对事物的认识有一个循序渐进的过程，毕业论文写作也是一个从不成熟逐渐趋于完善的过程。所谓"文章不厌百回改"，毕业论文的修改是保证毕业论文质量的重要环节。

毕业论文修改是在完成论文初稿的基础上，通过各种方法对思想内容（观点和材料等）和表现形式（结构与语言等）中存在的错误、不足等进行改正，以进一步提高论文质量的过程。通过修改使论点混杂、浅俗变得集中、深刻，材料由芜杂、不实转为典型、翔实，结构由松散、平直变得严谨、周密，语言由冗赘、板滞趋于精美、畅达。

修改文稿的主要目的是使毕业论文更准确、简明和规范。勤写勤改，才能字字到位，文理通顺。编写者要做到"初稿写成改三遍，搁置之后改两遍，定稿之前读一遍"，俗称"成稿三二一"。只有通过反复修改，才能确保毕业论文的准确性、简明性和规范性。具有深厚写作功底的作者，也把"成稿三二一"作为提高论文质量的重要手段。

（一）修改毕业论文的意义

1. 修改毕业论文是提高论文质量的重要环节

为提高毕业论文的质量，必须对毕业论文的初稿进行修改加工。受作者思想认识水平和语言文字驾驭能力的限制，有必要进一步修改论文。尤其是第一次编写大篇幅的毕业论文，美中不足或者不尽如人意是比较常见的，这也正是一篇具有学术价值和研究分量的毕业论文不可能一次定稿，需反复修改加工才能完成的原因。修改加工的目的就是追求语言表述的准确，使论文质量在原来基础上有较大的提高。

2. 修改毕业论文是提高写作能力的重要途径

毕业论文的写作可以锻炼学生的写作能力。要提高写作能力，既要多写，更要多改。好文章是改出来的。学习怎样修改文章是写作的一种基本训练，而且是更有效的训练。从某种意义上讲，会不会写文章，可以用会不会修改来衡量。通过修改论文，可以进一步提高构思文章、遣词造句、尊重和方便读者等方面的写作能力。

3. 修改毕业论文是提高思维能力的重要手段

对论文进行修改加工，弥补原有的不足，趋于完善，是在更为严密的思维和思路的指导下进行的。每一次修改，意味着思维能力得到了进一步的提高。这种思维能力的提高，主要体现在以下各个方面的提高：分析批判的能力、区分主次的能力、梳理逻辑顺序的能力、解释成果和现象的能力、自我检查和完善的能力以及严密思维的能力。

4. 修改毕业论文是作者责任心的重要体现

修改毕业论文是培养严谨的治学态度和良好学风的需要。论文是给外人看的，会对社会产生一定的影响，因此作者必须抱着对读者、对社会高度负责的态度认真修改论文。毕业论文作为一种科研成果的表现形式，如果不能保证其观点的准确性和科学性，不能保证遣词造句的妥帖性和行文的规范性，不仅会影响读者的阅读，还会给人类的思想行为产生消极的影响。因此认真修改毕业论文，既是对他人负责，同时也是对作者自己负责。

（二）毕业论文修改的范围

修改论文没有一定的程式，一般说来应从全局着眼、大处入手、逐步修改。即首先要检查论文的论点，论点的修改常会关涉到论文各个环节的变动；接着要根据表达论点的需要考虑是否要调整结构或增删改换材料；最后进行局部的修改和语言上的加工润色。因此，论文修改通常要围绕着以下几个方面进行：主题是否准确鲜明，结构是否合理均衡，材料是否翔实、典型，语言是否流畅精炼，等等。通过增加、删除、调换这三种方法进行修改。论文修改的范围主要包括以下四个方面。

1. 推敲论点

论点是论文的灵魂，要从事实方面和逻辑方面反复推敲，看看论点能否成立、是否正确；要注意检查论据能否充分支持自己的论点。此外，还要看看论点表述的准确性。这方面常见的毛病是论点不明确，读者读了论文仍然不知道作者究竟要说明什么问题。有的论点与论据相脱节，有的论据虽然很生动，但是无法从中推导出作者的论点。反过来说，论文中的论点无法统帅论据。

2. 调整结构

结构是指论文内容的组织和安排形式。编写提纲时已确定好文章的整体结构，一般不轻易进行大的变动。小的结构调整是常见的，诸如层次、段落的重新划分，开头、结尾以及文章各部分之间的呼应和衔接等方面，反复推敲与合理调整能充分解决这些细碎的问题。结构失当会让读者感到论文中推理不够严谨。有的论文缺乏严密的推理，没有充分的已知条件即做出判断，有的判断语句或是含糊其词，或是因果关系失当。

3. 更换材料

论文中引用的材料可以进行必要的增加、删除、调换，使材料更准确、合适，恰到好处。这方面常见的错误是论据不充分，使论点失去了产生结论的基础，无法使人信服。唯一的办法是补充典型的论据，以增强论文的说服力。

4. 修饰语言

毕业论文固然不能苛求语言美，但也不能出现语句含糊不清的现象。通常人们把准确、鲜明、生动、简洁作为对文章用语的普遍要求，论文的语言也不能例外。

1）准确

要写好一篇论文，确定论题和论点固然非常重要，但是遣词造句也不可等闲视之。论文语体的准确性与论文内容的科学性、思维的逻辑性以及反映客观事物的真实性，是紧密联系在一起的。

2）鲜明

论文的语言应当精确明白、严密清晰，这与文学作品中作家的思想倾向从情节和场面中自然地流露出来有着很大的区别。

3）生动

论文的生动体现在运笔灵活得体、自然流畅。为了表达得更加深入浅出，通俗易懂，可以借用生动的文学语言来提高读者的阅读兴趣。

4）简洁

论文要写作要文约而事丰，避免陈词滥调、套话空话，要删繁就简，力求精美。准备发表的论文，一般要求内容充实，且篇幅适当，能运用最简练的文字说明尽可能多的问题。

（三）毕业论文的修改方法

毕业论文修改的方法很多，可以根据具体情况择优选用。下面介绍几种修改方法以供参考。

1. 求助指导法

俗话说："当局者迷，旁观者清。"作者由于个人知识的局限性，对于客观事物的认识必然存在着程度不同的片面性。作为局内人，作者往往难以发现自己作品的不足之处。而他人往往站在比较超脱的地位，容易发现论文中的毛病。作者通过倾听他人的意见，可以取长补短，集思广益，进而通盘考虑，抛弃自己的成见，吸收他人的见解，使论文达到比较理想的水平。一般求助的对象包括同学、同事，尤其是要多征求指导教师的意见。

2. 热改法

热改法是指初稿完成之后，立即着手修改。此时，有的作者正处于兴奋状态，精力充沛，情绪高昂，且比较熟悉全文内容，此时若能一鼓作气，趁热打铁，比较容易发现初稿中的毛病（如遣词造句是否准确、论述推理是否合理等）。但此时，作者正处于写作的亢奋状态，需要修改的部分不易看出来，即使觉察出来，亦难以割爱。

3. 冷改法

由于思维定式的作用，原先的思路在脑海中留下很深的烙印，而且初稿完成之后通常会疲惫不堪，若是紧接着修改，可能力不从心。因此，论文写好之后，可以先搁一搁，淡化原来思路，稍事休息。经过一段时间的冷却，兴许阅读了有关资料，思考了相关问题，对于客观事物有了进一步的认识，此时回头再看，会发现不少问题。此时，作者的思维比较容易跳出原有的圈子，从另外一种角度冷静地审视自己的论文。只要时间允许，写好的论文改后可搁一搁，再改后再搁一搁，这样反复数次，有益于提高论文的写作水平。

4. 读改法

读改法要求作者一边朗读，一边思考。语句方面的毛病往往不容易看出，容易读出。字词遗漏、错字别字、书写错位，一经朗读，便原形毕露。朗读过程中发现词不达意或文句不通的地方，即可随手修改。

（四）毕业论文修改的符号与定稿

论文修改可在原稿上进行。为了正确无误地标记修改符号，必须养成按照《校对符号及其用法》（GB/T 14706—1993）的规定去做的良好习惯。在规定的21种校对符号中，起改正、删除、增补、对调、接排、另起段、转移、加大空距、保留等作用的校对符号较为常用。校对符号能有效地防止因为修改而造成文字上的混乱。作者如果使用计算机文字处理系统进行大范围的修改，可以节约大量抄写时间。在电脑上改稿子要注意对原稿进行备份，最好注明日期，这样可以避免前后稿子的混淆，也可以防止数据意外丢失。此外，为了把握论文的整体结构，克服计算机屏幕面积的限制，整篇论文的修改还可以打印出来。每改一遍，用一种颜色的笔，最后统一处理数遍的修改稿。

定稿是论文经过认真修改之后阶段性的终止，是对论文内容和文字表述的最后定夺。既然是定稿，从内容到形式上应当尽善尽美，做到论点正确、论据翔实、论证严谨、层次清楚、语言洗练、文面整洁。定稿中如留下更改之处，要用规范的校对符号表示。若是需要装订封面、封底，按统一规格进行装订。封面上要注明论文题目、学校、专业、指导教师姓名、论文提交日期等。从人们认识问题的过程而言，定稿并不意味着永久不变，随着作者认识的深入和发展，不少论著仍然会有改动，这也是十分正常的现象。

五、毕业论文的语言风格

语言是交流思想的工具。新颖的观点、深刻的主题、严谨的推理、准确的数据都必须通过人们相互约定的交流思想的符号——语言来表达。书面语言的表达水平直接影响着论文的表现力和感染力。因此，研究和把握论文语言风格，就成为作者的一项基本功。

（一）毕业论文语言的基本功

一般而言，毕业论文语言不仅要准确科学，还要简洁明快，进一步的要求就是要生动形象。不具备一定的语言文字表达基础，缺乏起码的语言修养，动起笔来，词不达意，文理不通，说不清自己的研究成果，是很难写出高质量的论文的。

1. 字、词、句是基本功

汉字必须按照现代汉语普通话规范标准书写。不要滥用异体字和繁体字，更不可以自行生造简化字。同时，还要注意同音字、多音字和近义字的区别。

2. 词是造句的基础

遣词造句，积聚成章，积章成篇。汉语词汇极为丰富。用词上刻意求新，能使论文的语言新鲜、生动。选定一个完美的词语来准确地叙事、言物、表情、达意，可以准确无误地表达自己的思想，入木三分地刻画事物的原貌。这是一项艰苦卓绝的劳动。字词用得是否恰到好处，将直接影响到句子、段落的优劣，乃至整篇论文的水平。论文写作实践表明，积累词汇是遣词的基础。只有仔细品味，鉴别每个词的准确含义及其与其他词的搭配功能，遣词才能运用自如，游刃有余。

3. 句是论文的基本部件

在内容结构方面，句子要符合语法和逻辑，文章才能流畅。简单地说，就是句子结构要完整，词语搭配要得当，逻辑要合乎规范。有些句子成分不缺，搭配也合理，就是不合思维逻辑。一般来说，长句严密细致，短句简洁明快，散句丰富多样，整句平稳和谐。此外，主动句、被动句、倒装句、肯定句、否定句、单句、复句，各具特征，应根据不同的表达内容和语言环境选用，以获得最佳的表达效果。

4. 字、词、句的基本功力最终要体现在论文的语言效果上

论文语言的效果主要体现在以下几点。第一，语言所围绕的中心明确，主次得当，做到篇的主题明确，章的中心突出，段的大意清晰。第二，语言之间的逻辑关系清楚。在谋篇布局上要层次分明，随着时间推移、空间变换、事物发展和认识深入，在语言表达上，要符合客观事物和主观认识的规律。第三，语言表达要选择最佳的方法、方式。选择叙述、论证、说明等，力求真实、准确、明了地把事物的性质、状况和规律表述得淋漓尽致。

（二）毕业论文语言的特征

毕业论文语言具有准确性、简明性、规范性、平易性。

1. 准确性

作为科学研究成果的载体，论文的语言讲究准确，准确性表明论文语言表述事物的精确度。准确性特征具体体现在以下几点。语言表述具有同客观事物良好的相吻合程度，它要求作者在撰写的过程中，语言表述概念清楚、推理严谨、结论明确，避免产生歧义；同时，论文在句法上要求严密、完整。运用多重复合长句时，必须做到意义完备、结构严密、无懈可击。表达时，要讲究清晰、直接，尽量不使用倒装、委婉等手法。数量表达上要准确，关键的量化字不宜采用经过四舍五入后的近似值。尽量避免使用"可能""大约""左右"等不确定的词语。

2. 简明性

论文应该言简意赅、文约而事丰，能用一句话说明的问题，就不用两句话。叙

述或是介绍事例时，必须使用概括性的语言，而不是像文艺作品一般一唱三叹地抒发感情，细致入微地刻画事物。此外，论文切忌口语化。如，"就是说"可用"即"，"如上面所说"可用"如上所述"，等等。要在充分传达信息的前提下尽量简约，以论证中心论点为准绳，有价值的内容要着力泼墨，反之则应惜墨如金。

3. 规范性

论文的遣词造句要合乎规范。语序的安排要体现事物先后次序，标点符号的使用也要合乎规范，使用专业名词、术语、图表、公式、符号、缩略语、计量单位、数字以及外文字母时，要严格遵守有关规定、标准的要求。初学写作者尤其需要养成自觉遵守执行有关标准、规定的良好习惯。

4. 平易性

有人认为，学术论文似乎写得越深奥、越难懂就越有水平，其实这是一种误解。学术论文写得晦涩难懂，谁都看不明白，那么它的价值就值得怀疑。深入浅出、平易近人、明白如话，不仅专家能懂，就是具有一定文化程度的外行人也可以大体了解。要做到这一点，却是十分不容易的，没有一定的驾驭语言的能力是很难做到的。

（三）毕业论文的人工语言

论文常用的人工语言有符号语言、公式语言、图形语言和表格语言。

1. 符号语言

由于专业工作表达的需要，人们常常要约定一些公认的符号。论文写作时，正确使用这些符号能够精确而深刻地表述要讨论的概念、方法和内在规律，使论文做到语句深刻而又简洁。这种情况若是改用文字语言表述，就会使得文句冗长，还可能表述不清，如数学中的极限符号、求和符号等。

2. 公式语言

公式能够准确而又深刻地揭示事物的内在规律，具有言简意赅的独特功能。如果把公式改用文字表述，会增加许多篇幅，况且有的公式表达的内容用再多的语言文字也难以表述清楚。

3. 图形语言

图形语言指用几何图形或者美术手段把文字表述的内容视觉化和形象化，使人一目了然，从而达到增强直观形象的目的。图形语言还有便于理解、记忆的独特效果。

另外，插图还可以起到活跃、美化、节省版面，提高读者阅读兴趣的作用。

4. 表格语言

表格是表达统计资料的一种重要方式。设计正确、科学的表格，可使论文更加精炼，使论文中的量化数据便于计算和分析比较，并且一目了然。从整篇论文的角度来看，要考虑所有表格是否能进一步合并、简化。能用文字叙述的，尽量不使用表格语言，能用插图表达的尽量不用表格。此外，表格中的内容不应与插图及文字部分重复。如果重复，只能选取其一，做到表内数据与文内表述无矛盾。

六、毕业论文的其他著录规范与要求

（一）文字和字数要求

本科毕业论文正文字数，理工类字数不少于6 000字，人文学科类字数不少于8 000字，社会科学类字不少于7 000字，艺术类等专业字数可适当减少。提纲字数应在500～1 000字，提纲字数不包括在正文中。

（二）字体要求（不同高校要求可能不尽相同）

（1）论文题目：字体三号字，居中，可加黑。

（2）提纲及正文：宋体五号字，两端对齐；段落首行空两字，断落间不允许空行，段落标题可以加黑和加阴影外，不得再使用其他任何样式；单倍行距，段落间距为0；不得对整篇文章使用表格嵌套；不得使用繁体字和任何背景色。

（3）参考文献、注释：宋体五号字。

（三）页码要求

从论文正文开始设置页码，将正文设置为第1页，页码在页末居中设置。

（四）排版要求

毕业论文定稿应使用学校统一规定的毕业论文模板，并按封面、原创承诺书、目录、中文摘要、英文摘要、正文、参考文献、致谢的顺序进行编辑排版。需要注意的是，各个部分之间须分页编辑，如不可将中文摘要和英文摘要放置于同一页上。

（五）论文标题

毕业论文正文段落层次划分标准如表6-2所示（仅供参考），其中，符号方案1多用于社会科学论文，符号方案2多用于自然科学论文。论文各级标题的末尾一般都不使用标点符号。

表6-2　论文标题编号规范

符号方案1	符号方案2	用途
一、	1	用于论文第一级标题
（一）	1.1	用于论文第二级标题
1.	1.1.1	用于论文第三级标题
（1）	1.1.1.1	用于论文第四级标题

（六）标点符号要求

标点符号尽管简单，但也很容易出错，应以《标点符号用法》（GB/T 15834—2011）为准。

（1）标点符号要规范，该用顿号就用顿号，该用逗号就逗号，不能随意处置。

（2）全文的标点要统一。

（3）特别要注意，有引号的句子，末尾的标点要规范。

（4）中文标点和英文标点不能混淆。

另外，国家的有关文件规定，不得不引用某些不易为同行读者所理解的，或系作者自定的符号、记号、缩略词、首字母、缩写字等时，均应在第一次出现时加以说明，给以明确的定义。

（七）计量单位的规范

计量单位是以量度同类量大小的标准量。自然科学论文中经常会用到计量单位。我国在1984年就颁布了以国际单位制的单位为主体的《中华人民共和国法定计量单位》。撰写学术论文必须应用法规中规定的计量单位。

七、毕业论文的打印和装订

（一）毕业论文的打印

毕业论文定稿后便可打印，论文打印所用字体字号，一般如表6-3所示。

表6-3　论文打印常用字体

标题	字体字号
论文标题	小二号黑体
一级分标题	小三号黑体
二级分标题	四号黑体
三级分标题	小四号黑体
正文	小四号黑体

论文版面一般采用A4纸，版心大小为175毫米×250毫米，页码在版心下边线之下隔行居中放置；毕业论文各页也可加页眉。在版心上边线隔行加粗、细双线（粗线在上，宽0.8毫米），其上居中打印页眉。

（二）论文印刷与装订

毕业论文要求双面印刷，论文模板一般由学校统一制作。一般地，毕业论文装订的顺序依次为封面、内封、中文摘要、英文摘要、引言、正文、参考文献、附录、致谢（或者按照学校统一要求的顺序装订）。

第七章　毕业论文答辩

第一节　毕业论文答辩的意义

毕业论文答辩是完成毕业论文过程中的最后一个环节。社会体育指导与管理专业学生按教学计划完成毕业论文，都要经过撰写和答辩两个相互衔接的环节。

毕业论文答辩的目的主要是考察和评价答辩者（论文作者）的论文质量和基本素质。毕业论文答辩是答辩委员会审查毕业论文的一种补充形式，是一种更为深刻、全面的严格考核，其目的是通过学生的口述对答辩委员会或答辩小组成员所提问题的回答，对学生的专业素质、学术水平、工作能力、口头表达能力和应变能力等进行考核，对学生知识面的宽窄，以及对所学知识的理解程度和能否创造性地应用做出判断，以此作为能否毕业和授予相应学位的依据。学生只有充分认识毕业论文答辩具有多方面的意义，才会以积极的姿态满腔热忱地投入到毕业论文答辩的准备工作中去，满怀信心地出现在答辩会上，以最佳的心境和状态参与答辩，充分发挥自己的才能和水平。

一、毕业论文答辩是一个增长知识、交流信息的过程

学生在答辩前就要积极准备，对自己所写文章做进一步的推敲。仔细审查文章对基本观点的论证是否充分，有无疑点、谬误、片面或模糊不清的地方。如果发现问题，就要继续收集与此有关的各种资料，做好弥补和解释的准备。这种准备的过程本身就是积累知识、增长能力的过程。在答辩中，答辩委员会或小组成员也会就论文中的某些问题阐述自己的观点，或者提供有价值的信息，这样学生就可以从中获得新的知识。

二、毕业论文答辩是论文作者学习和完善毕业论文的良好平台

毕业论文答辩委员会一般由有较丰富实践经验和较高专业水平的教师和专家组成。他们在答辩会上提出的问题，一般是本论文中涉及的基本性的问题，是论文作者应具备的基础知识，也可能是论文中没有阐述周全、论述清楚、分析详尽的问题，即文章中的薄弱环节和不足之处。通过答辩委员会或答辩小组成员的提问和指点，论文作者可以了解自己撰写毕业论文中存在的问题，作为今后研究其他问题时的参考。对于自己还没有搞清楚的问题，还可以直接请求指点。总之，答辩会上提出的问题，无论论文作者是否能当场做出正确、系统的回答，都是对论文作者的一次很好的帮助和指导。

三、毕业论文答辩是学生展示自己的良机

毕业论文答辩是大学毕业生学习、锻炼辩论艺术，全面展示自己的勇气、才能、智慧、风度和口才的一次良机。能言善辩已成为现代人必备的重要素质。一个人如果掌握了高超的辩论技巧，具有雄辩的口才，他在事业上和人际交往中就会如鱼得水。正因为如此，自古以来，那些胸怀大志的人都非常重视辩论素质的训练和培养，把拥有精湛的辩论技巧视为其事业成功的得力臂膀。毕业论文答辩，是即将跨出校门的大学毕业生学习辩论技巧和辩论艺术的重要机会。

第二节　答辩前期准备

毕业论文答辩是一种有计划、有组织、有鉴定的比较正规的审查论文的重要形式。为了搞好毕业论文答辩，在举行答辩会前，院（系）、答辩委员会、答辩者三方都要做好充分的准备。

一、院（系）的准备工作

院（系）要做的准备工作，主要是答辩前的组织工作。这些组织工作主要有审定参加毕业论文答辩的学生的资格，组织答辩委员会，拟定毕业论文评价标准，布置答辩会场，等等。

（一）审查学生参加毕业论文答辩的资格

参加毕业论文答辩的学生要具备以下的条件。

（1）必须已修完高等学校规定的全部课程，所学课程必须全部考试、考查及格，并取得学校允许毕业的学分。

（2）所写的毕业论文必须经过指导教师指导，并由指导教师签署同意参加答辩的意见。

这两个条件必须同时具备，才有资格参加毕业论文答辩。

（二）组织答辩委员会

答辩委员会是负责毕业论文答辩的组织、领导的临时机构，全面负责答辩过程中的各项工作。一个答辩委员会一般由5~9位专家组成，设主席1人，另设秘书1人。根据各专业学生人数和课题性质，答辩委员会可下设若干答辩小组，答辩小组由3~5人组成，设组长1人，具体负责答辩工作。答辩委员会或答辩小组成员必须由讲师以上（或相当职称的科技人员）担任，其中具有高级职称者不得少于1人。答辩委员会成员由院长（系主任）或院（系）学位分委会负责聘请。答辩委员会成员应提前阅读、熟悉要答辩的论文、指导教师的评语及相关情况。答辩小组的具体职责是审阅毕业论文或毕业设计，对学生的答辩资格予以审定，主持答辩，讨论并确定最后成绩与评语。答辩安排、答辩委员会成员名单、各答辩小组成员名单要提前数日公布。

（三）拟订毕业论文成绩标准

毕业论文答辩以后，答辩委员会要根据毕业论文以及作者的答辩情况评定论文成绩。为了使评分宽严适度，应事先制定一个共同遵循的评分原则或评分标准。

（四）布置答辩会场

毕业论文答辩会场地的布置会影响论文答辩会的气氛和答辩者的情绪，进而影响到答辩会的质量和效果。因此，答辩会场应布置得朴实、庄重，尽量创造一个良好的答辩环境。

二、主答辩人的准备

在答辩会举行前，至少要有一名答辩小组成员作为主答辩人对学生上交的论文进行过审阅，写出评审意见，并初步拟定答辩时提问的问题。

由于每一篇论文各有自己的内容、形式、特点和不足，主答辩人拟出的问题也就必然是千差万别的。即使是同一篇论文，不同的主答辩人所提问的重点也会有所不同。但主答辩人提问应有一定的范围，并遵循一定的原则。

首先，主答辩人拟题有个大范围，即主答辩人在论文答辩会上所提出的问题，应在论文所涉及的学术范围之内，一般不会也不能提出与论文内容毫无关系的问题。在这个大范围内，主答辩人一般是从检验真伪、探测能力、指出不足三个方面提出三个问题。一是检验真伪，就是围绕毕业论文的真实性拟题提问。其目的是检查论文是否是学生自己写的。如果论文是抄袭他人的成果，或是由他人代笔之作，学生就难以回答出这类问题。二是探测水平，指围绕探测学生水平高低、基础知识是否扎实、掌握知识的广度和深度如何来提出问题，主要是针对论文中涉及的基本概念、基本理论以及运用基本原理等方面的问题。三是指出不足，指围绕毕业论文中存在的薄弱环节，如对论文中论述不清楚、不详细、不周全、不确切及相互矛盾之处拟题提问，让作者在答辩中补充阐述或提出解释。

其次，主答辩人在具体的出题过程中，还需要遵循以下几个原则。一是理论与应用相结合的原则。二是深浅适中、难易搭配的原则。对某篇论文所提问题的深浅、难易程度，应与指导教师的建议成绩联系起来。凡是指导教师建议成绩为优秀的论文，主答辩人所提问题的难度就应该大一些；建议成绩为及格的论文，主答辩人提的问题应相对容易一些。三是点面结合、深广相连的原则。四是形式多样、大小搭配的原则。

三、答辩者的准备

答辩前的准备，最重要的是答辩者的准备。答辩者要顺利通过答辩，在提交了论文之后，还应从以下几方面抓紧时间，积极准备论文答辩。

第一，掌握与论文题目相关的知识。论文题目是对论文内容最集中化的概括。对题目中的关键词，自己一定要能够给予透彻的阐述和解释。答辩小组成员经常会围绕论文题目进行提问。

第二，要熟悉自己所写论文的全文结构，尤其是要熟悉主体部分和结论部分的内容，明确论文的基本观点和主论的基本依据；弄懂、弄通论文中所使用的主要概念的确切含义，所运用的基本原理；同时还要仔细审查、反复推敲文章中有无自相矛盾、谬误、片面或模糊不清的地方，有无与党的政策、方针相冲突之处，等等。如发现有上述问题，就要做好充分准备，及时进行补充、修正、解说。这样在答辩过程中就可以做到心中有数、临阵不慌、沉着应对。

第三，要了解和掌握与自己所写论文相关联的知识和材料。如对于自己所研究的论题，学术界的研究已经达到了什么程度，目前存在着哪些争议，有几种代表性观点，各有哪些代表性著作和文章，自己倾向哪种观点及理由，重要引文的出处和版本，论证材料的来源渠道，等等。这些方面的知识和材料都要在答辩前做到有比较好的了解和掌握。

第四，论文还有哪些问题应该涉及或解决，但因力所不及而未能触及；还有哪些问题在论文中未涉及或涉及很少，而研究过程中确已接触到并有一定的见解，只是由于觉得与论文表述的中心关联不大而没有写入，等等。

第五，论文的创新之处在哪里，哪些是别人的观点，哪些是自己的观点。对于本科毕业论文，有1~2点创新已经足够，千万不要言过其实，牵强附会，说自己的论文有很多创新之处。

第六，根据自己的思考，整理、编写论文报告提纲。

第七，还要准备其他辅助表达方式。例如，论文自述过程中，需要的论文底稿、主要参考资料、多媒体课件、图表、照片、挂图、幻灯、样品、当场演示的实验等。此外，还要携带好一些必备的答辩资料，如笔、记录本等，以便把答辩小组成员提出的问题和有价值的意见、见解记录下来。通过记录，不仅可以减缓紧张心理，而且还可以更好地理解答辩小组成员所提问题的实质，同时还可以边记边思考，使思考的过程变得自然。

第八，默讲和试讲。最好模拟正式论文答辩，请几位同学作为与会者进行试讲。在规定时间内，重点突出、条理清楚、层次分明、从容自然地自述论文主要内容。自述时，应充满信心；讲究口语表达技巧，避免平铺直叙；用生动的语言、声调的抑扬顿挫和姿态语（如手势语）等来增强表达效果。

第三节　答辩程序

在论文答辩之前，答辩小组组长会宣布答辩的程序和要求，然后开始按程序进行答辩。本科毕业论文答辩中，每个人的答辩时间一般在20分钟以内。首先，由答辩者汇报论文；接着答辩小组成员会针对论文内容提出3~5个相关问题，由答辩者进行回答，以此来审查论文的真实性和答辩者的研究水平；答辩小组成员当场点评答辩情况。而后，答辩小组合议做出答辩评语、答辩成绩，同时将签名后的答辩者答辩成绩清单交给学院留底存档。

一、宣布答辩的程序和要求

由答辩小组组长宣布答辩纪律、参加答辩人员名单、答辩次序、其他安排和要求等事项。

二、汇报论文

论文汇报要求学生对论文的内容进行整体的介绍，时间为5~8分钟。答辩者一般从以下四个方面内容进行汇报。

（一）基本信息

介绍毕业论文和作者的基本信息，包括题目、指导教师姓名、作者姓名等，这是论文答辩的开场白，也是答辩人必须要告诉答辩委员会的内容。

（二）研究背景

介绍研究背景，包括论文题目来源和研究目标等信息。任何研究都不是凭空得来的，都是在一定的理论和实践基础上提出的。选题的背景不仅反映了作者的学术敏感度，同时也是论文的奠基石，是整个学术论文研究的出发点。

（三）研究内容与方法

介绍研究的主要内容和研究方法是论文答辩的主体部分。研究分为几个部分，对于众所周知的支持本研究的内容（如理论基础部分），只要做简要介绍；论文的核心内容和具有创新特点的内容，则需要进行较为详细的介绍。大部分研究中，特别是毕业论文，往往采用多种研究方法。不同的内容所用的研究方法不同，或相互交叉使用。正确地使用各种研究方法，不仅保证了研究的科学性，同时也体现了答辩者的学术综合能力。因此，研究方法的应用也是答辩汇报的重点。

（四）研究的意义、不足和创新点

学术研究的意义包括理论意义和实践意义两个方面。研究意义往往和研究来源密切相关，需要做到前后呼应。论文完成后是否完全或部分解决了自己论文开篇所提出的问题，还存在哪些不足和需要完善之处，这是需要答辩者进行解答的。研究难点和创新点也需要进行介绍，可以体现答辩者的付出与努力，同时表明研究的创新意义。

上述四个方面是论文答辩的时候必须要介绍的。若答辩者认为自己的论文还有其他方面需要特别说明，可以根据具体情况灵活把握，但切记不要照本宣科地念稿件。明确论文需要从哪些方面进行汇报，做到心中有数，不但可以缓解答辩前的紧张心理，还可以增加自己答辩的自信心，这些对于顺利完成论文答辩有非常重要的意义。

三、答辩小组成员提问

论文汇报完成后，答辩小组成员一般会提出3～5个问题。答辩小组成员从哪些角度进行提问，这也是答辩者非常关心的问题。一般而言，答辩小组成员会从检验真伪、探测能力和弥补不足三个方面提出问题。

检验真伪，即围绕论文的真实性拟题提问；探测水平，即选择与论文主要内容相关的问题，检测学生的水平高低，检验基础知识是否扎实，如论文中涉及的基本概念、基本理论以及运用的基本原理等；弥补不足，即围绕论文中提出的薄弱环节，如论述不清楚、不详尽、不确切，甚至对有错之处提问，答辩者需要进行补充阐述或解释。

答辩小组成员提出的问题通常集中在以下几个方面。

首先是论文的题目。题目是论文最简化的概括，直接反映了论文的研究对象和内容。答辩委员首先会考虑这些问题：题目是否科学，是否能够概括所做的研究，题目和内容是否相符，题目中的关键词（尤其是与研究内容密切相关的词语）的含义是什么，等等。如果题目中存在歧义或表达的意思不够完整，或者所做的题目过于"创新"，答辩小组成员极有可能会提出一些相关的问题。

其次是采用的研究方法。在论文的各个部分可能采用了不同的研究方法，尤其是论文的主体部分用了什么样的研究方法，具体如何使用这种研究方法，为什么没有选择其他的研究方法，等等。这些都是答辩小组成员关心的问题。例如，如果你的论文应用了问卷调查法，答辩小组成员可能会问你是如何发放问卷的，如何抽样，样本有多大，具体是如何实施的，等等。

第三是研究的创新。很多时候答辩小组成员会开门见山，直接提问答辩者论文的创新问题，如"你论文的创新之处是什么""你提出的研究方案与其他人有什么不同"。

另外，论文研究的一些细节问题也是答辩委员常常关注的。细节之处尽显研究的科学性和严谨性，如在论文中出现明显的细节性错误，则显然不符合论文的写作要求。如图表的格式、参考文献的书写、论文中英文摘要的规范性、一些关键性数据的引入、文字、标点等，这些细节也要引起足够的重视。

上述几点只是概述了答辩委员关注的部分问题。针对不同类型的毕业论文，答辩小组成员关注的问题也不相同。因此，不要仅限于考虑上述问题，在答辩之前也可以与论文指导教师进行交流，指导教师会有针对性地提出一些常见问题。

四、回答问题

在答辩小组成员提出问题时，答辩者要集中注意力，认真聆听，并将问题和自己的思考简略记录下来，仔细推敲答辩委员所提问题的要害和本质是什么，忌讳答非所问。如果答辩者对所提问题没有听清楚，可以请提问答辩小组成员再说一遍。如果对问题中有些概念不太理解，可以请提问答辩委员做些解释；或者把自己对问题的理解说出来，并问清是不是这个意思，等得到肯定的答复后再作回答。只有这样，才能抓住关键，正确作答。

在弄清了答辩小组成员所提问题的确切含义后，要在较短的时间内做出反应，充满自信地以流畅的语言和肯定的语气把自己的想法讲述出来，不要犹豫、含糊。回答问题，一要抓住要害，简明扼要，不要东拉西扯，使人听后不得要领；二要力求客观、全面、辩证，留有余地，切忌把话说死；三要条理清晰，层次分明，富有逻辑；最后，回答问题还必须注意吐字清晰、声音适中等。

有时，答辩小组成员对答辩者的回答不太满意，还会进一步提出问题，以求了解答辩者是否切实搞清和掌握了这个问题。遇到这种情况，答辩者如果有把握讲清，就可以申明理由进行答辩；如果不太有把握，可以审慎地试着回答，能回答多少就回答多少，即使讲得不很确切也不要紧。只要是同问题有所关联，答辩小组成员通常会引导和启发你切入正题的。如果确实是自己没有搞清的问题，就应该实事求是地讲明自己对这个问题还没有搞清楚，表示今后一定认真研究这个问题。切不可强词夺理，进行狡辩。

在为论文答辩做了充分准备的基础上，答辩者大可不必太紧张，要有自信心。树立信心，消除紧张慌乱心理很重要，因为过度的紧张会使本来可以回答出来的问题也答不上来。只有充满自信，沉着冷静，才会在答辩时有良好的表现。

五、答辩注意事项

（一）仪态和风度

在进行答辩时，要注意仪态和风度。如果答辩者能保持良好的仪态和风度，表现出良好的形象，给答辩小组成员留下良好的印象，那么答辩就有了一个较好的开端。

1. 衣着得体

有的同学穿着运动裤和运动T恤衫参加答辩，这是对答辩小组成员的不尊重，也是对论文答辩的不重视的。太暴露的衣着也不行。有的女生爱美，会穿着短裤和背心参加答辩。这样的衣着会显得人轻浮或不够端庄，是绝对不可取的。

论文答辩是学术研讨和交流的"盛会"，是一种严肃、正式的活动。为表达对答辩小组成员等参会者的尊重，一定要注意挑选适合自己的衣服，这也有助于帮助自己调整心态，提高自信心，稳定心态。男生可以穿长裤和衬衫（夏天也可穿短袖衬衫），衬衫最好束在裤子里，露出皮带。除了裤子和衬衫的搭配，女生也可以选择穿裙子。裙子最好及膝，可以是连体裙，也可以是混搭的裙子和上衣。裙子适宜选择较正式的款式。

2. 体态自然

衣着之外，体态也非常重要。含胸驼背会显得怯懦、自卑；挺胸过度又显示情绪过于高昂，甚至给人傲慢自负的感觉。因此，上身保持自然的挺拔是最好的状态。脊背的挺拔，能体现一个人的自信。可以略微弯腰、稍欠身，表现出应有的谦虚和礼貌。两手自然垂放，忌讳两手一直交叉置于身前，这样会显得太过拘泥刻板。

（二）心态和语言

良好的心态是保证论文答辩顺利进行的一个重要因素。要克服怯场心理，消除紧张情绪，保持良好的心理状态。要有自信意识，这是学生应具备的最基本的一种心理素质。美国思想家、文学家爱默生曾说过："自信是成功的第一秘诀。"凡是有充分自信意识的学生，在答辩过程中就会精神焕发，心绪镇静，神态自若，思维敏捷，记忆完整，能够淋漓尽致地发挥自己的水平。

在论文答辩的过程中，由于自身的紧张，说话容易越来越快，以致答辩小组成员听不清楚，影响答辩成绩。因此，在汇报论文内容和回答答辩委员提问的时候，忌讳连珠炮似的语言表达方式，一定要注意语言速度，做到有急有缓，有轻有重。若感觉语速太快，难以控制，不妨给自己两三秒的时间做一下深呼吸，这是一个非常奏效的小技巧。

在回答答辩委员提问的时候，也要注意语言表达方式，做到谦虚礼貌。答辩小组成员都是本领域的专家，答辩者切不可孤芳自赏，高傲自负。如果答辩者与答辩小组成员的观点有差异，切忌固执己见，一味地盲目反驳。不妨换个角度思考，拓展自己的专业视野，也可在答辩结束后继续与答辩小组成员进行交流和沟通。

（三）虚心接受评判，认真修定论文

完成毕业论文答辩之后，答辩委员会或答辩小组在指导教师所给初评成绩的基础上，根据答辩者的论文报告情况、答辩情况，在进行评议之后，给出一个最终成绩。至此，就答辩程序上而言，已经完成了答辩全过程。但答辩者还应该认真听取答辩委员的评判，进一步分析思考答辩小组成员提出的意见，总结论文写作经验教训，必要时对论文做进一步修改。一方面要搞清楚，通过这次毕业论文写作，自己学习和掌握了哪些科学研究方法；在提出问题、分析问题、解决问题以及科研能力上得到了哪些提高，还存在哪些不足，作为今后研究其他选题时的借鉴。另一方面，要认真思索论文答辩会上答辩委员提出的问题和意见，加深研究，精心修改自己的论文，求得纵深发展，取得更大的成果，使自己在知识上、能力上有所提高。另外，对毕业论文存在的一些错误，需要做出更正。

第四节　论文评价与成绩评定

毕业论文的成绩不仅反映学生的学习水平，一定程度上也反映了学校的教学质量。社会体育指导与管理专业毕业论文的成绩评价有以下三个环节。

（1）审阅。论文指导教师负责毕业论文的审阅、书面评语，打好建议分。

（2）评阅。院（系）教研室组织评阅，统一协调各位指导教师的评分标准，平衡掌握总体方面的优秀率与不及格率。

（3）答辩。论文只有通过答辩后才能最终确定成绩。只要答辩情况基本正常，未发现其他严重过失等异常现象，一般应充分尊重指导教师的意见。

答辩评语要概括出作者答辩时的实际水平。论文评价是答辩回答结束之后，由答辩委员会或答辩小组经过讨论审定后给答辩者提出的结论性评语。答辩委员会或答

辩小组会充分肯定答辩者在答辩过程中所做出的努力，恰如其分地指出不足之处，明确提出继续努力的方向。对于毕业论文的总评，原则上以原论文的成绩为主（约占70%），结合答辩情况（约占30%）进行综合调整，并和结论性评语一起以文字记录的形式填入答辩结论表格，答辩委员会负责人及成员逐一签名，以示负责。

毕业论文一般有论点、论据和论证三个要素组成，而观点、材料、方法正是论文三个要素的具体体现。判断毕业论文的优劣，除了要看学术价值的大小和写作水平的高低之外，还要看论点、论据、论证的好坏。简单地说，就是创新的程度如何，毕业论文中是否提出新观点，是否采用了新的材料，是否运用了新的论证方法，等等。

本科毕业论文成绩的评定，各个高校标准不一，但通常都会综合考量学生论文水平、写作过程和答辩表现三个方面。学生毕业论文的总评成绩一般可分为优秀、良好、及格、不及格四个档次。有些学校毕业论文评价的标准分为五级：优秀（综合得分在90分以上）、良好（综合得分在80~89分）、中等（综合得分在70~79分）、及格（综合得分在60~69分）、不及格（综合得分低于60分）。此外，还有以百分制计分。其实采用几级计分不是至关重要的，最关键的还是论文的评定成绩从整体上应当服从正态分布。

论文成绩及格者将取得相应的学分；成绩不及格者不能取得相应学分，并应在规定学习期限内重新修改毕业论文。申请学士学位者，毕业论文成绩通常要求在80分以上。毕业论文已经合格，但未达到学位申请要求的学生，可自行决定是否重新申请写作毕业论文。重新申请写作毕业论文将视为重修，需要提交论文重修申请。审核通过后，学生方可重新参与写作。通常此情况，学生只允许重修一次，最终成绩以高分一次为准。提交毕业申请后，不得再申请毕业论文写作。毕业论文写作成绩评定标准如表7-1所示。

表7-1　毕业论文写作成绩评定标准

分数等级	特点
优秀（90分以上）	（1）观点正确，证据有力，论据充分，资料翔实，理论分析深入，理论密切结合实际 （2）结构严谨，层次清楚，文字通顺，无错别字 （3）在某些方面确有一定的突破与创新，回答与解决了较为重要的理论或实际问题，确有一定的学术价值或应用价值 （4）答辩中思路清晰，回答问题正确，具有相当的应变能力

分数等级	特点
良好（80～89分）	（1）论证主题有一定价值，观点正确，论据有力，论证充分，资料翔实，理论分析比较深入，理论结合实际较好 （2）结构严谨，层次清楚，文字通顺，无错别字 （3）答辩思路清晰，能够正确回答问题
及格（60～79分）	（1）基本观点正确，论据较有力，论证较充分，资料较充实，理论分析不够深入，理论结合实际较差 （2）结构上合理，层次上清楚，文字上通顺，无错别字 （3）答辩思路基本清晰，能够基本正确地回答问题
不及格（低于60分）	（1）基本观点有误，论据无力，缺乏论证，资料贫乏，分析肤浅，理论脱离实际 （2）结构混乱，层次不清，文字不通顺，错别字较多 （3）论文的主要内容是抄袭他人成果

小资料

优秀毕业论文的特征

（1）有一个好的选题。好的选题是成功的一半。

（2）有一个好的题目。基于好的选题拟定的严谨、清晰的题目也很重要。

（3）有较高的研究价值。本科毕业论文很难实现理论创新，但优秀的本科毕业论文通常现实性强，对实际工作有很好的指导意义。

（4）有大量第一手数据。优秀论文通常是扎扎实实研究之后才能写成的，包含了大量第一手的数据。

（5）有一个严谨的结构。优秀论文通常逻辑性强，结构严谨，论文内容层层递进。且从目录上看，结构非常清晰。

（6）有恰当的研究方法。研究方法运用恰当、科学、无懈可击，会增加论文的说服力，也是优秀本科毕业论文的特征之一。

（7）有一个清晰的结论。一篇好的论文，通常结构清晰，富于创新，并能给出对现实有指导意义的结论和建议。

参考文献

［1］丛湖平.体育统计学［M］.3版.北京：高等教育出版社，2015.

［2］邢彦辰.毕业论文写作与文献检索［M］.2版.北京：北京邮电大学出版社，2013.

［3］刘晓华，任廷琦.毕业论文写作导论［M］.北京：科学出版社，2004.

［4］陈妙云，禤胜修.应用型大学本科毕业论文（设计）写作教程［M］.广州：广东高等教育出版社，2018.

［5］刘尊明，李元美.毕业论文写作［M］.北京：中国电力出版社，2011.

［6］武丽志，陈小兰.毕业论文写作与答辩［M］.北京：高等教育出版社，2015.

［7］李炎清.毕业论文写作与范例［M］.厦门：厦门大学出版社，2006.